Olivenöl

Gold des Südens

AUGUSTUS

Olivenöl
Gold des Südens

Clare Ferguson
mit Bildern von Peter Cassidy

First published in Great Britain in 2000
under the title EXTRA VIRGIN
by Rylands, Peters & Small Ltd.
Cavendish House
51–55 Mortimer Street, London W1N 7TD

Text © Clare Ferguson 2000
Layout und Fotografien © Ryland Peters & Small 2000

Augustus Verlag München 2001
© Weltbild Ratgeber Verlage GmbH & Co. KG
Übersetzung: Petra-Susanne Räbel

ISBN: 3-8043-6051-3

Widmung

Meinem Ehemann Ian Ferguson, der mich vor 25 Jahren nach Griechenland mitnahm, wo ich zum ersten Mal erstklassiges natives Olivenöl extra kostete.

Danksagung

Mein Dank geht in Großbritannien an meinen geduldigen Forscher Robert Larkins, an Christine Boodle, Barrabel und Katie Mason, María José Sevilla (Spanische Botschaft Handelsabteilung), Carmen Veiras (Nahrungsmittel aus Spanien), Luis Avides (Portugiesische Handelskammer), A. Kouroussis (Griechische Botschaft), Sevda Ramadan (Türkische Botschaft), Nabil Ben Khedhar (Tunesische Botschaft), an das italienische Handelszentrum, C.R. Kaid (Algerische Botschaft), Daphna Sternfeld (Israelische Botschaft), Marianne Malonne (SOPEXA), Charles Carey (dem Olivenölhändler) und Suzanne Hesketz (Hill & Knowlton). In Spanien gilt mein Dank Fausto Luchetti, Josep Rocamara und Carlos Mora von Agroles und Asoliva, sowie William Devin von der Unió Cooperative, SCCL. In Frankreich möchte ich mich bei Bryce Attwell, Annik Lesenfant und Madame F. Person vom Landwirtschaftsministerium bedanken. Dank auch an Jack Hobbs von Albany Olive Press sowie Gilly und Alastair Chater in Neuseeland, Olives Australia in Queensland Australien, und schließlich an Patty Darragh vom California Olive Oil Council und Michael Coon von der McEvoy Ranch in Kalifornien.

Hinweis

Tee- und Esslöffel sind gestrichen zu verstehen.

1 Teelöffel = 5 g

1 Esslöffel = 15 g

Backofen immer auf die angegebene Temperatur vorheizen. Für die Zubereitung der Rezepte in diesem Buch wurde ein Umluftherd verwendet. Bei Herden ohne Umluft Temperatur und Backzeit nach Herstellerangaben abändern.

Inhalt

Einleitung

ganz links Olivenölmühle auf der Insel Lesbos, Griechenland.

gegenüber Öl wird aus Oliven in allen Reifestadien gepresst.

oben Matten für die Ölpressung.

ganz oben Ein Teppich aus gelben Senfblüten unter den Olivenbäumen von San Regolo in der Toskana, Italien.

oben rechts Gutes sardinisches kaltgepresstes Olivenöl aus drei Olivensorten – Tonda di Cagliari, Bosana und Nedra di Gosson – wie sie in Ortu Mereu, unweit von Cagliari angebaut werden.

Jedes Mal, wenn wir die geschlängelte Straße zu unserem Spitaiki (Ferienhäuschen) auf Zakynthos, einer der Ionischen Inseln Griechenlands, fahren, überflutet mich wieder das alte Gefühl der Freude. Das Land ist so zäh und zeitlos wie die Oliven, Oleaster und Dornbüsche, die im felsigen Boden wurzeln. Drei alte, knorrige Ölbäume beschirmen seit Jahrzehnten geduldig unsere leere Schafhütte, ihre silbergrauen Blätter winken uns ein wortloses Willkommen zu. Während unserer Abwesenheit im Winter pressen unsere Nachbarn die Oliven. Im Sommer können wir mit ein bisschen Glück bereits wenige Stunden nach unserer Ankunft einige Tropfen des fruchtigen, grün-goldenen, ungefilterten Öls auf unserem Brot genießen. Das Aroma ist paradiesisch.

Dieses Buch ist dem ursprünglichen, kaltgepressten Olivenöl gewidmet, einem Öl, das die Kraft hat, unsere Gesundheit und unser Wohlbefinden zu revolutionieren, unseren Gaumen zu beleben und unser Herz zu erwärmen.

Die meisten Pflanzenöle werden aus Samen gewonnen. Fast alle werden mittels chemischer Prozesse extrahiert und raffiniert, häufig unter extremer Hitze oder hohen Druckverhältnissen und mit Hilfe von Lösungsmitteln, Bleichmitteln, Säuren, Basen und Duftstoffen. Kaltgepresstes Olivenöl – und darum geht es hier – da-

gegen ist gewissermaßen ein vollkommen natürlicher Fruchtsaft, der ganz einfach durch Pressen gewonnen wird. Eine Flasche erstklassiges, extra natives Olivenöl kostet vielleicht mehr als die gleiche Menge Champagner (für einen Liter Öl benötigt man ca. fünf Kilogramm Oliven), es ist aber auch jeden Pfennig wert.

Olivenöl ist ein kulinarisches Erlebnis: Es besitzt einen unverkennbaren, vollmundigen Geschmack und ein Aroma, das dank stabilisierender Inhaltsstoffe wie Tocopherol (Vitamin E) lange erhalten bleibt. Zudem eignet es sich hervorragend zum Kochen, sogar zum Frittieren, denn es verliert auch bei hohen Temperaturen über eine längere Zeitdauer nicht an Qualität. Es ist eines der großartigsten, vielseitigsten und köstlichsten Nahrungsmittel, die wir kennen.

Seit mehr als 2000 Jahren sind Olivenbäume, ihre Früchte und das daraus gewonnene Öl integraler Bestandteil der Kultur und Essgewohnheiten des Mittelmeerraumes. Hier steht die Olive quasi für Zivilisation.

Heute leistet das Olivenöl einen der weltweit bedeutendsten Beiträge zur Geschichte der Gesundheit. Medizinische Forschungen der späten 70er und frühen 80er Jahre bestätigten die geradezu revolutionären Eigenschaften des Olivenöls. Diese bezogen sich hauptsächlich auf den hohen Anteil an einfach ungesättigten Fettsäuren, die vor Herz- und Kreislauferkrankungen schützen. Darüber verringert es aufgrund seiner antioxidativen Wirkung die Zellschädigungen durch freie Radikale und beugt somit diversen Krankheiten, u.a. auch Krebs vor. Des Weiteren enthält extra natives Olivenöl etwa 100 verschiedene Stoffe (wie zum Beispiel Polyphenole und Pflanzenfarbstoffe), die noch der Forschung und Auswertung bedürfen.

Olivenöl ist eine der größten menschlichen Errungenschaften. Erforschen Sie mit mir dieses faszinierende Produkt, und kochen Sie sich durch die Ölherstellenden Länder. Ich hoffe, Sie werden meine Begeisterung teilen.

Herstellung

Im Frühherbst lassen die kleinen, harten, birnenförmigen Olivenfrüchte die baldige Üppigkeit kaum erahnen. Zu Beginn des Winters dagegen sind die Oliven grün, prall, saftig – ideal für Öl. Noch später ergeben die dunkelvioletten bis tiefbraunen Früchte ein ganz anderes Öl.

In mediterranen Ländern war der Olivenbaum schon von jeher wichtiger Bestandteil des Überlebens. Olivenöl wurde für so gut wie alles verwendet, das Holz des Olivenbaums diente als Brennmaterial. Zudem sind die Bäume relativ anspruchslos: sie brauchten wenig Fürsorge und sind, einmal zu voller Reife gelangt, eine sichere Einkommensquelle.

Moderne Olivenanbaumethoden haben dies alles verändert. Heutzutage weiß man, dass Olivenbäume am besten in sorgsam bewässertem, steinfreiem, fruchtbarem Boden in angemessenem Gelände gedeihen. Gewaltige Oliven-»Haine« auf der ganzen Welt sind hierfür der beste Beweis. Der Olivenanbau ist noch immer arbeitsintensiv und teuer – im Vergleich zu den leicht und billig gewonnenen, so genannten Pflanzenölen (hier

gibt es selbstverständlich auch Qualitätsprodukte). Aus diesen stellt man die berüchtigten, mit Wasser angereicherten Pflanzenölmargarinen her, d.h. mittels Hydrierung gehärtete Pflanzenöle. Diese büßen die Vorzüge der vielfach ungesättigten Fettsäuren ein und beinhalten nunmehr gesättigte Fettsäuren mit all ihren Problemen.

Olivenöl kann, Gott sei Dank, nur aus dem gepressten Saft von Oliven gewonnen werden – aus sonst nichts. So schreibt es das Gesetz vor. Aber die Olivenölbranche muss konkurrenzfähig, effizient, profitabel und den Anforderungen des Massenmarkts gewachsen sein. Wissenschaftler und Landwirtschaftsexperten beharren daher auf der Anpflanzung von gewaltigen Hainen mit über 1000 Bäumen pro Hektar, um die Umgestaltung der Landschaft und den massiven Einsatz von Maschinen zu

rechtfertigen. Sie drängen zur Aufgabe der hübschen terrassierten Hänge, die seit Generationen von Olivenbauern gehegt werden, wenn die Lage den Einsatz von mechanischen Bewässerungssystemen und modernen Erntegerätschaften nicht erlaubt. Dies ist oft das Aus für die alten Olivenhaine, was man leider vermehrt in Italien und Frankreich beobachten kann. Doch auch in Spanien und Portugal wurden viele alte Bäume ihrem Schicksal überlassen. In berühmten Anbaugebieten wie Ligurien, der Toskana, auf Sardinien und in der Provence allerdings blüht die alte Olivenkultur noch immer. Spanien und Griechenland bringen ebenfalls erstklassige Öle auf den Markt. Auch andere mediterrane Länder, wie die Türkei oder Tunesien, erzeugen mittlerweile qualitativ hochwertige Öle.

oben links Olivenernte per Hand mit unter den Bäumen ausgebreiteten Netzen, damit keine der herabgefallenen Früchte verloren geht – in den Hainen von Marina Colonna, Italien.

oben Mitte und rechts Ölmühle auf Lesbos, Griechenland.

gegenüber Hochwertiges spanisches Olivenöl, Nuñez de Prado.

Die Ernte

Die Olive gehört, wie alle Früchte mit einem einzigen, holzigen Kern, der einen Samen umschließt, zu den Steinfrüchten. Ihr Name leitet sich aus dem lateinischen Wort *oliva* (Olive; Ölbaum) ab, was wiederum aus dem griechischen *eláa* oder *elaía* entlehnt wurde. *Olea europaea*, der kultivierte Ölbaum, gehört zur Familie der Ölbaumgewächse *(Oleaceae)*, zu der auch Liguster, Jasmin, Flieder und Oleaster zählen. Aber nur der Olivenbaum wird wegen seiner Früchte kultiviert – mittlerweile auch in Kalifornien, Südafrika, Chile, Argentinien, Australien, Neuseeland und sogar in China. Dennoch gilt er als die klassische Pflanze mediterraner Länder.

Der Baum ist immergrün, seine Blätter sind Wasser abweisend und verlieren wenig Flüssigkeit durch Verdunstung. Die langgestreckten ovalen, spitz zulaufenden Blätter sind an der Oberseite grün und an der Unterseite silberfarben; sie wachsen paarweise entlang der Zweige. Diese charakteristischen Zweige findet man oft als Motive in der bildenden Kunst und Architektur.

Die junge Frucht ist von hellem, intensivem Grün. Sie färbt sich zunächst gelb, dann rosig und fleckig malvenfarben; mit zunehmender Reife des Fruchtfleisches nimmt die Haut dann einen satten violett bis dunklen lila-braunen Schimmer an, bis sie fast schwarz ist.

Vollständig ausgereifte Oliven liefern am meisten Öl. Viele glauben jedoch, dass das beste Öl aus den grünreifen Früchten gewonnen wird. Denn je reifer die Olive ist, desto anfälliger ist sie für Oxidationsprozesse, was sich nachteilig auf den Geschmack auswirkt.

unten links Halb automatische Ernte auf einem Gutshof in Marina Colonna, Italien.

unten Ein mit Oliven gefüllter Anhänger eines Traktors auf dem Weg zur Fabrik in Marina Colonna, Italien.

unten rechts Abfüllung von nativem Olivenöl extra beim Frantoio Galantino, Bisceglie, in Puglia, Italien.

rechts Ölkrüge in den Kellern des Antinoris Peppoli Gutes, Mercatale, Val die Pesa, Toskana.

Die Olivenernte ist nicht ganz einfach und zudem sehr anstrengend. Eine Portion Geschicklichkeit und Geduld braucht man schon dazu – und bitte keine Herbststürme. Idealerweise werden für die Ölpressung vorgesehene Oliven mit der Hand sorgfältig vom Baum gepflückt – ein mühsames Unterfangen. Denn Oliven sind widerspenstige Früchte. Es gibt allerdings faszinierende Werkzeuge für die Ernte mit der Hand: angefangen von einem Ziegenhorn bis hin zu winzigen Zangen und Rechen, die die Arbeit erleichtern sollen.

Heutzutage gibt es auch vielerlei automatische mehr oder weniger gute Erntemaschinen.

Oliven sollte man sanft in einen Korb gleiten lassen, später in eine Kiste. Jede vom Baum gefallene Frucht sollte möglichst rasch aufgelesen werden – am besten noch am selben Tag. Für die Pressung muss die Frucht sauber und frei von Zweigen und Blättern sein. Im Idealfall werden die Oliven zur Presse gebracht, dort kühl gehalten und innerhalb von 12 bis 36 Stunden verarbeitet. Auf kleinen Erzeugerhöfen werden die Früchte zumeist sofort gepresst, doch auf einer großen Genossenschaft oder Plantage, zumal wenn es heiß ist und viele Oliven aus verschiedenen Quellen auf die Verarbeitung warten, ist dies leider nicht immer zu

bewerkstelligen. Wenn die Früchte zu lange der Hitze ausgesetzt sind, kann dies Qualität und Geschmack beeinträchtigen.

Die Ernte ist Saisonarbeit und dauert wenige Wochen bis hin zu höchstens ein paar Monaten im Jahr. In der Vergangenheit verbanden die Olivenbauern verschiedene Erwerbstätigkeiten miteinander: Da die Ernte im Spätherbst und Winter stattfindet, war im Sommer Zeit für andere landwirtschaftliche Arbeiten oder gar andere Berufszweige. So fuhren im Mittelmeerraum viele Männer im Sommer zur See und verbrachten den Winter zu Hause mit der Pflege und Ernte ihrer Oliventerrassen. In jüngster Zeit sind landwirtschaftliche EU-Fördergelder einfacher zu erhalten, und so verzichten viele auf eine zweite Einkommensquelle. Sie widmen sich das ganze Jahr über ihren Höfen und Olivenhainen.

Die Geselligkeit bei den kleinen, gemeinsamen Ernten ist – abgesehen von Gegenden, die Ferien auf dem Lande anbieten – allmählich vom Aussterben bedroht, während diese Zeit früher zu den Höhepunkten des Jahres zählte. Traditionell folgt auf die schwere Arbeit ein großes gemeinschaftliches Mahl, mit fröhlichem Trinken, riesigen Picknicks, Gesang, Späßen und Ausgelassenheit. Frisches Brot wird – nach Geschmack – leicht gesalzen, mit Knoblauch eingerieben und anschließend mit dem frisch gepressten Olivenöl beträufelt. Es gibt nichts Besseres!

Ölgewinnung

Wie bei Anbau und Ernte gibt es auch bei der Ölgewinnung die unterschiedlichsten Verfahren. Einige sind sehr arbeitsintensiv, zeitraubend und auf kleine Mengen ausgerichtet, doch erstklassig im Ergebnis. Sie bevorzugen die alte, klassische vertikale Presse mit ihren Matten und Spindeln, die feinstes, hochwertigstes Öl hervorbringt – solange peinlichst auf Hygiene geachtet wird. Dieses Verfahren ist wenig lukrativ, doch im Zuge des neu erwachten Interesses an exklusiven und handwerklich hergestellten Produkten gewinnen Produkte dieser Art wieder an Bedeutung.

Bei anderen Methoden, wie sie in großen, industriellen Betrieben eingesetzt werden, bedient man sich einer Reihe von Zentrifugen – superschnell, wenn auch etwas unsanft zu den Ölmolekülen. Bei derartigen wirt-

oben rechts **Alte Olivenpresse in Mouriès, Bouches-du-Rhône, Südfrankreich.**

Mitte **Mahlwerk für Olivenöl im Frantoio (Ölmühle) Galantino, Bisciglie, Puglia, Italien.**

rechts **Mahlstein aus Granit zum Zermahlen der Oliven im Frantoio Galantino, Italien.**

rechts unten **Abfüllung von nativem Olivenöl extra im Frantoio Galantino.**

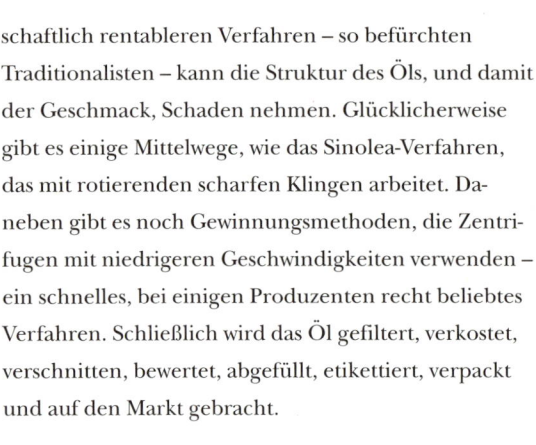

schaftlich rentableren Verfahren – so befürchten Traditionalisten – kann die Struktur des Öls, und damit der Geschmack, Schaden nehmen. Glücklicherweise gibt es einige Mittelwege, wie das Sinolea-Verfahren, das mit rotierenden scharfen Klingen arbeitet. Daneben gibt es noch Gewinnungsmethoden, die Zentrifugen mit niedrigeren Geschwindigkeiten verwenden – ein schnelles, bei einigen Produzenten recht beliebtes Verfahren. Schließlich wird das Öl gefiltert, verkostet, verschnitten, bewertet, abgefüllt, etikettiert, verpackt und auf den Markt gebracht.

Bezeichnung und Beurteilung

Nur etwa ein Zehntel des weltweit hergestellten Olivenöls zählt zum erstklassigen extra nativen Öl – die Bezeichnung für die reinste Form (hier gibt es vier verschiedene Kategorien). Die übrigen 90 Prozent werden raffiniert, um Mängel und Verunreinigungen zu beseitigen. Ein Teil dieser Öle wird mit erstklassigem nativen Öl verschnitten, um ein brauchbares Mischprodukt mit der schlichten Bezeichnung »Olivenöl« zu erhalten. Es schmeckt weniger gut und ist auch billiger, aber aufgrund seiner gleichbleibenden Qualität für bestimmte Zwecke geeignet.

Der internationale Olivenhandel hat grundlegende Fachbegriffe als verbindlich eingeführt. Olivenöle werden anhand ihres Anteils an freien Fettsäuren (der gering sein sollte) beurteilt, sowie hinsichtlich ihrer organoleptischen Eigenschaften (Geruch und Geschmack, der sensorische Eindruck), die von ausgebildeten Testern ermittelt werden. Heutzutage gibt es auch exakte chemische Analysen wie die Gas/Flüssigkeits-Chromatographie, mit der man jede Form von Missbrauch aufspüren kann – etwa beigefügte illegale oder unzulässige Substanzen. Von Zeit zu Zeit führen die Behörden Stichproben bei gehandelten Olivenölen durch. Auf der Website der Stiftung Warentest finden sich solche Testergebnisse, die Überraschungen zu Tage fördern: So entspricht eine kleine Zahl an Produkten kaum der Qualität, die ihre Etiketten vollmundig verkünden.

Weitere wichtige Termini sind zuweilen auf den Etiketten zu finden. Viele beziehen sich exakt auf bestimmte Merkmale, wie etwa »erste, kalte Pressung«, »Erzeugerabfüllung« oder »naturtrüb«, auf die der Hersteller mit Stolz verweist: Sie sind wichtig für die Qualitätsbestimmung und die Art des Öls. Andere Bezeichnungen dagegen wie »light« oder »leicht« sind inoffiziell und daher irreführend. Wie bei jedem aufwendig erzeugten Nahrungsmittel gilt auch hier: Je detaillierter und exakter die Angaben sind, desto nützlicher sind sie für die Beurteilung der Qualität. Achten Sie auf sachbezogene Begriffe auf den Etiketten, denn es gibt, wie gesagt, völlig bedeutungslose Bezeichnungen.

oben links **Ein Olivenöltester bei der Arbeit in der Firma Nissa auf Lesbos, Griechenland.**

rechts **Ein kaltgepresstes natives Olivenöl aus Australien.**

ganz rechts **Ein italienisches natives Olivenöl extra.**

Natives Olivenöl

So wird jedes ausschließlich aus Oliven gewonnene Öl bezeichnet, das mittels eines mechanischen oder anderen physikalischen Verfahrens sowie unter das Öl nicht veränderbaren thermischen Bedingungen hergestellt wurde. Die einzigen zugelassenen Prozesse sind Waschen, Extraktion, Dekantieren, Zentrifugieren und Filtern. Der Einsatz von Lösungsmitteln ist dagegen verboten. Natives Olivenöl ist ein Fachbegriff: Man unterscheidet vier Güteklassen, die die absteigende Qualität verdeutlichen.

Natives Olivenöl extra

Natives Olivenöl ist in Aroma und Geschmack vollkommen (hohe sensorische Qualität) und mit einem freien Fettsäuregehalt von weniger als 1 Gramm pro 100 Gramm Öl – d.h. es liegt unter 1 Prozent. Viele dieser im Handel erhältlichen und als extra nativ bezeichneten Olivenöle sind fachmännisch verschnitten, um eine über Jahre hinweg einheitliche Qualität und einen stabilen Preis zu gewährleisten. Sie können aus verschiedenen Regionen und Ländern stammen. Andere dagegen sind meist unverschnittene Erzeugerabfüllungen, teurer, aber unverwechselbar im Geschmack.

Natives Olivenöl

Olivenöl mit einwandfreiem Aroma und Geschmack mit nicht mehr als 2 Prozent Fettsäuregehalt.

Gewöhnliches natives Olivenöl

Olivenöl mit nicht ganz einwandfreiem Geschmack und Aroma, mit einem zulässigen Anteil an bis zu 3,3 Prozent Fettsäuren.

Lampanöl (Lampenöl)

Übelschmeckendes und -riechendes natives Öl mit einem Fettsäuregehalt von über 3,3 Prozent. Unbehandelt nicht für den Verzehr geeignet, erst nach dem Raffinieren genießbar. Eignet sich nur für technische Zwecke (Textil- oder Kosmetikindustrie).

Vom International Olive Oil Council festgelegte Kategorien:

Diese qualitativ geringeren Kategorien machen etwa 90 Prozent der Weltproduktion aus; sie werden zur Herstellung von Lebensmitteln und zu industriellen Zwecken verwendet.

Raffiniertes Öl

Olivenöl, das auf der Basis von nativen Ölen (in der Regel Lampantes) gewonnen wird, bei dem per gesetzlicher Vorschrift nicht die ursprüngliche Glyzeridstruktur des Öls verändert werden darf.

Olivenöl/Reines Olivenöl

Spezielle Begriffe aus der Nahrungsmittelwirtschaft, mit denen ein Verschnitt aus raffiniertem und nativem Olivenöl bezeichnet wird, wobei das Öl durchaus für den Verzehr bestimmt ist. Es eignet sich zum Frittieren oder auch allgemein zum Kochen, wenn keine typisch »mediterrane« Note gewünscht wird.

Oliventresteröle

Der nach der Extraktion der nativen Öle verbleibende Rückstand (Trester), der mit chemischen Lösungsmitteln weiter extrahiert wird. Nicht in diese Kategorie gehören Öle, die mit anderen Ölsorten (etwa Keimölen) vermischt und solche, die durch Verseifung gewonnen werden.

Die drei handelsüblichen Bezeichnungen:
Rohes Oliventresteröl

So wie es beim Extraktionsprozess anfällt. Erst nach dem Raffinieren für den Verzehr oder industrielle Zwecke geeignet.

Raffiniertes Oliventresteröl

Wird aus rohem Oliventresteröl durch Raffinierungsmethoden ohne Beschädigung der Glyzeridstruktur gewonnen.

Oliventresteröl

Ein Terminus aus der Nahrungsmittelindustrie, mit dem üblicherweise ein Verschnitt aus raffiniertem Oliventresteröl und nativen Olivenölen bezeichnet wird. Zum Verzehr geeignet.

rechts Je höher die Qualität, desto mehr sollte das Etikett auch darüber informieren. Dies ist ein kaltgepresstes natives Olivenöl extra aus Südafrika. Ein Land übrigens, sollte der derzeitige Trend anhalten, das auf dem besten Wege ist, sich als Anbaugebiet für erstklassige Erzeugerabfüllungen ein gewisses Renommee zu verschaffen.

Was auf den Etiketten steht

Erste, kalte Pressung

Bedeutet genau das: die allererste Pressung mit geringer oder keinerlei Hitzeeinwirkung. Häufige Bezeichnung für traditionelle Verfahren oder für die Produktion kleiner Mengen. Ein ausnahmslos erstklassiges Produkt, das seine natürliche Güte und Einmaligkeit bewahrt, doch oftmals sehr teuer ist.

Kaltgepresst / traditionelle Pressung

Extrahiert ohne Hitzeeinwirkung über 28 °C, allerdings möglicherweise von einer zweiten Pressung. Dennoch ein gutes Produkt, recht gesund und mit vollmundigem Aroma.

Erzeugerabfüllung

Erstklassige Qualität, höchster Preis, absolut unvergleichliche Öle, häufig von handgepflückten Oliven, die innerhalb weniger Stunden nach der Ernte kalt gepresst wurden. Meist von einem einzigen Familienbetrieb oder Landgut, daher ziert die Flasche manchmal der Familienname oder ein Wappen. Anbau, Extraktion und Verpackung erfolgen auf dem Erzeugerhof. In den USA, Australien, Neuseeland und sogar Südafrika, wie auch in den großen Anbaugebieten Europas werden solche Öle gewonnen.

Affiorato/Flor de acceite/lágrima

Frei abtropfendes Öl, auch als »Blumen« (Eidotterblume) oder »Tränen« bekannt. Die Früchte werden nur grob zerkleinert, aber nicht gepresst; das dabei ablaufende Öl wird aufgefangen. Eine überaus begehrte Seltenheit. Im alten Palästina wurde dieses feinste Öl gewonnen, indem man die reifen Oliven einfach in einen Korb oder in einen Stein mit halbkreisförmiger Vertiefung und einem Loch in der Mitte aufhäufte. Der durch das Eigengewicht der Oliven herausgedrückte Saft wurde aufgefangen und das Öl mit einer Muschel oder einem Blatt abgeschöpft. Dieses Verfahren *à la feuille* wird noch heute in einigen Ländern eingesetzt – in Spanien, Frankreich und Griechenland zum Beispiel, aber auch in Neuseeland.

Datum und Jahrgang der Pressung

Olivenöl sollte so frisch wie nur möglich sein. Ganz neues, junges Öl kann eine leicht stechend-bittere Note haben, die nichts für zarte Gaumen ist, aber nach einigen Monaten wird es weicher im Geschmack. Nach einem Jahr verschlechtern sich die sensorischen Eigenschaften der Öle allmählich. Manchmal wird auch eine Abfüllungsnummer angegeben; in aller Regel gibt es einen Hinweis auf besondere handwerkliche Sorgfalt und Qualität.

Ungefiltert

Dahinter verbergen sich herausragende Olivenöle, die sorgfältig erstellt wurden, allerdings ohne Filterung. Das häufig schlierige, aber überaus köstliche Öl wird auch als »verschleiert« bezeichnet (»wolkig« würde auf einen Mangel verweisen). Einige Erzeuger in Spanien, Frankreich und der Neuen Welt bevorzugen ihr Öl ungefiltert. Manche verwenden ein Baumwolltuch als Sieb für ein sehr schonendes Filterverfahren. Auf diese Weise lassen sich unerwünschte Feststoffe entfernen, die die Haltbarkeit beeinträchtigen könnten.

Einzelsorte / Verschnitte

Manchmal wird nur eine einzige Olivensorte verwendet, manchmal mehrere. Dies liegt ganz beim Erzeuger. Edle Verschnitte sind meist hervorragend, doch Öle aus einer einzigen Sorte müssen dem in nichts nachstehen.

Besondere Herkunftsbezeichnungen

Nur Olivenöle aus bestimmten Gebieten oder Provinzen dürfen diese Angaben aufweisen, um die dort ortsüblichen Traditionen, Olivensorten und/oder andere Charakteristiken zu schützen. In Spanien heißen sie DO, in Griechenland PGI oder PPO und in Italien DOC.

Biologischer und ökologischer Anbau

Viele dörfliche Ölproduzenten und einige kleinere Genossenschaften bauen Oliven nach jahrhundertealten biologischen Methoden an, die von zertifizierten Organisationen ausgewiesen und streng überwacht werden. In Neuseeland heißt diese Kategorie »Bio Gro«.

»Italienisches Erzeugnis«

Bis vor kurzem sagte dieser Begriff aus dem EU-Jargon leider lediglich aus, wo das Produkt zuletzt »in irgendeiner Form substantiell verändert wurde«. So konnten griechische und spanische Öle, die in großen Mengen nach Italien exportiert und abgefüllt wurden, als »Italienisches Erzeugnis« bezeichnet werden.

Die Qual der Wahl

Gute Einzelhändler, die auf ihre Produkte stolz sind, veranstalten üblicherweise Ölproben. Dennoch sollten Sie Öle ebenso wie Weine je nach ihren besonderen Eigenschaften auswählen. Bevorzugen Sie Öle, die Ihren persönlichen Koch- und Essbedürfnissen entsprechen sowie Ihrem Geldbeutel, und solche, die Ihnen am besten schmecken.

Als Würze direkt über Speisen oder aufs Brot eignen sich eigenwillige, herausragende Affiorato-Öle oder ein Olivenöl aus erster kalter Pressung und biologischem Anbau. Zwei andere kaltgepresste, native Olivenöle extra, eines pfefferscharf, das andere lieblich, passen gut zu Salaten, Pasta, Suppen, aufs Brot, in Dressings und zu Meeresfrüchten. Ein weiteres, weniger teures, auch auf dem allgemeinen Markt erhältliches natives Olivenöl extra sollten Sie zum Kochen bereithalten, etwa zum Frittieren oder zum Braten. Im Gegensatz zur weit verbreiteten Meinung wird Olivenöl beim Frittieren zwar sehr heiß, aber es bleibt stabil und schafft eine schützende Kruste um das Frittiergut. Außerdem wird es weniger leicht aufgesogen als viele andere Öle. »Natives« oder »gewöhnliches Olivenöl« ebenso wie »Olivenöl« eignen sich für Mayonnaisen oder zum Backen und zum Frittieren. Es ist zudem preiswerter.

Die meisten Köche machen einen großen Bogen um minderwertige Öle. Viele verwenden ausschließlich natives Olivenöl extra in der Küche, was allerdings nicht ganz billig ist. Dennoch: Bevor ich zu Tresterölen greife nehme ich lieber ein hochwertiges kaltgepresstes Keimöl.

Das gesunde Öl

Olivenöl ist eines der gesündesten Lipide (Fette). Alle Olivenöle weisen einen stattlichen Gehalt an einfach ungesättigten Fettsäuren auf und lassen die Werte des »guten« HDL-Cholesterins (High Density Lipoprotein) ansteigen, während sie den Anteil an »schlechtem« LDL-Cholesterin (Low Density Lipoprotein) absenken. Bei intensiver verarbeiteten Ölen verliert sich allerdings die natürliche antioxidative Wirkung, die freie Radikale erfolgreich bekämpft.

ganz links **Joseph Foothills** aus Australien verweist auf seinem Etikett, dass das Öl in kleinen Portionen aus Oliven von den Adelaide Foothills gepresst wurde.

links Ein griechisches natives Olivenöl extra aus ökologischem Anbau aus dem Kloster St. Chrysopigi.

ganz oben Natives Olivenöl aus Marokko.

oben Auch wenn das Etikett auf dem Behälter in französischer Sprache gedruckt ist, das Öl ist aus Sardinien.

Ölbäume gehören zu den charakteristischen Merkmalen italienischer Landschaften. Heute überraschen und begeistern die erstklassigen extra nativen Olivenöle direkt vom Erzeuger Kenner in der ganzen Welt. Die oftmals neben den Ölbäumen anzutreffenden Weinstöcke unterstreichen das Fortbestehen einer jahrhundertealten Tradition.

Nord- und Mittelitalien

Im 6. Jahrhundert v. Chr. setzte mit dem Olivenanbau ein Wandel in Kultur, Küche und Wirtschaft in Italien ein. Etrusker wie Christen verwendeten Olivenzweige zu kultischen Zwecken – heute noch gehören die Zweige zum Palmsonntagsbrauch. Im Rom der Kaiserzeit entrichteten die Bürger ihre Steuern in Form von Olivenöl. Ausgeklügelte Aufbewahrungsmethoden wurden ersonnen, um das Öl auf Schiffen, die eigens zum raschen Transport des Öls gebaut wurden, exportieren zu können.

Heute ist Italien die berühmteste Quelle für natives Olivenöl extra. Natürlich denkt man zuerst an die Toskana und Umbrien als Herkunftsregionen für die grünen, grasigen, vollmundigen, häufig pikanten Öle, zuweilen mit einem pfefferscharfen Nachgeschmack und einer ausgeprägten Note. Ligurien, Heimat des Pesto, hat seine eigene, mildere, zartere Ölrichtung – frisch, leicht und rund, ein Öl, das Italiener im ganzen Land sehr schätzen.

Die traditionelle Erntemethode erfolgt immer noch mit der Hand – ein zeit- und arbeitsaufwendiges Verfahren, das heute oft nur noch auf traditionsbewussten Gutshöfen und bei kleinen Bauern üblich ist. Alte Bäume erzwingen zuweilen diese herkömmliche Ernte. Zum Pflücken mit der Hand gehört auch der Einsatz eines Rechens, mit dem die Bäume vorsichtig »abgemolken« werden. Art und Größe der Früchte, ihr Reifegrad und Pflückwiderstand spielen dabei eine Rolle. Das Abernten eines Baumes kann daher zwischen 20 Minuten bis zu mehreren Stunden dauern. Schütteln oder Herabschlagen der Früchte in Netze oder Tücher sind weniger zuverlässige Methoden und können die Bäume beschädigen. Zudem werden dadurch häufig Oxidations- und Fermentierungsprozesse bei den Oliven ausgelöst. Hochtechnologische Ernteverfahren arbeiten mit hydraulischen Vibrationsmaschinen – die sich jedoch nur in rationalisierten, neu angepflanzten Hainen lohnen.

Italien ist weltweit das zweitgrößte Erzeugerland für Olivenöl, dennoch importiert es erhebliche Mengen an Öl aus Spanien und Griechenland. Diese werden dann verschnitten und für den heimischen oder auch enormen Exportmarkt verarbeitet.

gegenüber Olivenbäume in traditioneller Terrassenkultur in der Toskana. Das Öl wird entweder direkt in den Gebäuden der *fattoria* (dem Hof) auf dem Hügel im Hintergrund gepresst oder zur örtlichen Genossenschaft gebracht.

unten links Ein hochwertiges toskanisches Öl, abgefüllt direkt beim Erzeuger in der Nähe von Lucca.

oben Pflege eines Olivenbaumes unweit von Toscolano in Umbrien.

unten rechts Colonna ist eines der bekanntesten Olivenöle Italiens, das weltweit exportiert wird. Es hat einen grasigen Geschmack mit einer Note von grünen Äpfeln und Salatblättern und einen Hauch von Pfeffer.

rechts Frisch gepflückte Oliven in einer Mühle in der Toskana.

Olivenbäume sind Italiens Zier, ein Markenzeichen der mediterranen Identität. Allerdings waren es die alten Griechen, die den Ölbaum zuerst zu den Italienern brachten, und so sind es schließlich auch die westgriechischen Kolonien in Süditalien und Sizilien, wo nicht nur griechische Ruinen zu finden sind, sondern auch feinstes Olivenöl hergestellt wird.

Süditalien

Oliven gedeihen in Tälern, auf felsigen Anhöhen und an den windgepeitschten Stränden Sardiniens. Auf Sizilien gesellen sich Zitronen und Weizen dazu. Auf den Inseln im Golf von Neapel stehen Ölbäume im Wechsel mit Weinstöcken, Pinien und Blumenkaskaden. In den Tempeln von Agrigent wuchern sie wild in die Höhe und sprießen auf den kleinen vulkanischen Inseln nördlich der afrikanischen Küste. In Positano, an der herrlichen Küste von Amalfi, scheinen Ölbäume und Pinien die Hänge zum Meer hinunter zu eilen und teilen sich den Boden mit üppigem Gemüse und duftenden Blumen.

Süditalienische Olivenöle sind fast immer überwältigend, leicht aromatisch und harmonieren perfekt mit heimischen Erzeugnissen und Kräutern, vor allem mit Basilikum. Geschmacklich unterscheidet man zwei verschiedene Stile: einmal süß, leicht und schokoladig oder zart bitter mit einer Mandelnote und dem Duft grüner Blätter.

In den sechs südlichen Regionen Italiens werden 80 bis 90 Prozent des italienischen Öls produziert. Etwa die

Hälfte davon stammt aus Puglia, während Kalabrien, Sizilien und Kampanien den Rest beisteuern. Es sind Öle, wie sie in der täglichen italienischen Küche verwendet werden.

Die typische Beschreibung der Öle ist gelegentlich irreführend. Meist neigen die südlichen Öle dazu, gelb, sanft, lieblich und weniger herb, manchmal fast butterähnlich zu sein, als die aus dem Norden stammenden. Dies liegt daran, dass die schwarz-reifen Oliven im Süden spät geerntet werden, während man in der Toskana und Umbrien aufgrund kühlerer klimatischer Verhältnisse oft die grün-reifen Oliven pflückt. Auch die Massen-

produktion des Südens trägt dazu bei. Dies führt in der Regel zu einem entsprechend gleichförmigen Ergebnis, im Gegensatz zu den würzigeren Nuancen, aus den traditionellen Handwerksbetrieben: Erzeugerabfüllungen aus dem südlichen Sizilien haben eine goldgrüne Farbe, ein grasiges Aroma, das an die Haut von Tomaten erinnert, eine ausgeprägt bitter-grüne Note, gefolgt von einem vollmundigen, fruchtigen Abgang. Diese Öle sind unerreicht individuell mit vielen Güteklassen.

In Puglia behauptet man, das beste Olivenöl habe einen leichten, aber unverkennbaren Hauch von Bittermandeln, den es vielleicht von den Mandelbäumen, die zwischen den Ölbäumen gepflanzt werden, übernommen hat – eine schöne Vorstellung, dass sich die Wurzeln der alten Bäume tief in der Erde miteinander verschlingen und gegenseitig geschmacklich bereichern.

gegenüber Alte Ölbäume in der Provinz Puglia, wo etwa 40 bis 45 Prozent des gesamten italienischen Olivenöls hergestellt werden.

oben links Olivenhaine an einem Abhang in Frascineto, Kalabrien. Der Süden produziert einen Großteil des alltäglich in italienischen Küchen verwendeten Olivenöls.

unten links Diese Ölbäume in Ostuni in Puglia sind uralt und liefern seit vielen 100, wenn nicht gar 1000 Jahren Öl.

oben Auf dem Markt von Palermo auf Sizilien sind Oliven und Olivenöl allgegenwärtig.

Mitte links Erstklassiges Barbera natives Olivenöl extra, hergestellt von einem Familienbetrieb in Palermo, der seit 1894 Öle von bester Qualität produziert.

Mitte rechts Ein extra natives Olivenöl aus Puglia, verwahrt in einer modernen Version des traditionellen Tonkruges, verschlossen mit Kork, Wachs und Schnur.

Von Zeit und Witterung gezeichnete Olivenhaine, nach Kräutern duftende Berghänge – das ist die Provence. Sie inspirierte zahllose Künstler. Aber auch Köche und dankbare Schlemmer aus aller Welt fanden hier Quellen an Ideenreichtum. In den Olivenölen Frankreichs spiegelt sich der Geist der Gegend: eine elegante, aromatische Frische.

Südfrankreich

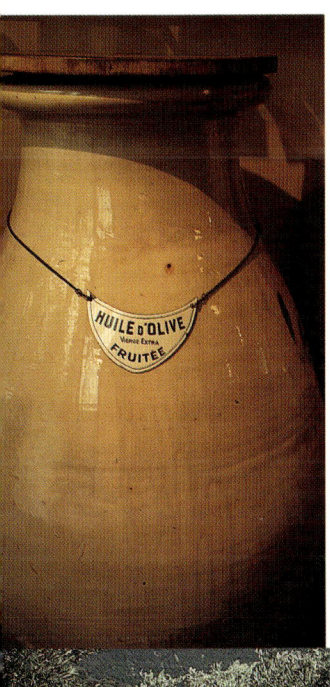

International betrachtet ist Frankreich mit nur 2 300 Tonnen Olivenöl pro Jahr ein kleiner Produzent. Dennoch hat es gewaltigen Einfluss. Dies liegt zum Teil daran, dass der Süden von jeher Prominenz und Künstler anzog und zudem Ziel zahlreicher Auswanderer aller Nationen war, die die dortige Esskultur im Allgemeinen und die Olivenölkultur im Besonderen faszinierte.

Veränderungen in der Landwirtschaft, regelmäßig auftretende Frostschäden in den Hainen und schwierige Arbeitsbedingungen ließ die Olivenölproduktion fast zum Stillstand kommen. Heute steigt die Nachfrage nach Olivenöl als einem geschätzten und köstlichen sowie gesunden Nahrungsmittel wieder. Einzelne französische Erzeugerabfüllungen zählen mittlerweile zu den besten der Welt: Beispiele dafür sind das Alziari aus Nizza mit seiner wunderschönen blau-gelben Verpackung, seinem zart-süßen, leicht fruchtigen Geschmack mit Kräuternote und nussig-mildem Aroma. Le Vieux Moulin aus der Gegend südlich von Nyons ist natives Olivenöl extra aus erster, kalter Pressung, hergestellt aus der Tanche-Olive, mild im Aroma mit einem sanft grünen, avokadoartigen Geschmack. Olivier ist ein tiefgoldenes, natives Olivenöl extra, ebenfalls aus erster kalter Pressung, süß, fruchtig und weich, mit einem Hauch von Grün.

gegenüber Olivenpflücker im Departement Drôme, nördlich von Marseille.

links Traditionelle Ölkrüge sind trotz der hoch technisierten Fortschritte in der französischen Ölproduktion noch immer in Gebrauch.

Mitte links Ein Zusammentreffen der Chevaliers de l'Olivier in einem Olivenhain unweit von Nyons im Departement Drôme.

Mitte Unter den Bäumen ausgebreitete Netze zum Aufsammeln der Oliven auf Korsika.

Mitte rechts Natives Olivenöl extra von Nicolas Alziari aus Nizza. Metallkanister wie dieser schützen das Öl vor Luft und Licht und zählen zu den besten Aufbewahrungsbehältern für Olivenöl.

unten links Das Durchrechen von Oliven in einer Olivenmühle im Departement Drôme.

Da die Franzosen von jeher gutes Essen, gute Weine und Tischkultur zu schätzen wussten, lag die Verwendung guter Olivenöle nahe. Während die Butter in der nordfranzösischen Küche eine herausragende Rolle spielt, hatte Olivenöl neben Speck, Enten- und Gänseschmalz seinen festen Platz im Süden.

Wie auch in anderen Mittelmeerregionen herrscht bei der Herstellung ein großer Konflikt zwischen alt und neu. Viele Erzeuger bevorzugen moderne, gleichmäßige Zentrifugiersysteme, die schnell arbeiten und leicht zu bedienen sind. Bauern der alten Schule bleiben lieber bei den traditionellen Methoden – die Olivenmaische wird in der Turmpresse zwischen Fasermatten, den *Scourtins*, gepresst. Über die Vorzüge des jeweiligen Extrahierungssystems ließe sich endlos streiten. Entscheidend ist, dass Frankreich köstlichste Öle gewinnt.

Suppen und Salate

Suppen und Salate scheinen wie geschaffen, die besonderen Vorzüge von nativem Olivenöl zur Geltung zu bringen. Zur Zubereitung von Suppen, Bouillons oder Eintöpfe, braten Sie zuerst ein wenig Knoblauch in Olivenöl an oder träufeln kurz vor dem Servieren ein wenig hochwertiges Olivenöl darüber. Dies verleiht dem Gericht Stil. Und aus einer Hand voll Kopfsalat mit einem kräftigen Schuss nativem Olivenöl extra wird ohne Mühe ein delikates Gericht.

4 EL natives Olivenöl extra

4 Scheiben Speck (ca. 75 g),
    klein geschnitten

1 kg frische Venusmuscheln,
    gut gesäubert

750 ml heißer Fischsud oder
    Hühnerbrühe

1 große Zwiebel, fein geschnitten

2–4 mittelgroße Kartoffeln,
    gewürfelt (ca. 400 g)

3 Stück Staudensellerie, in
    Scheiben geschnitten

2 TL scharfer roter Paprika

1 mittelscharfe rote Chilischote,
    entkernt und fein geschnitten

400 g Tomaten aus der Dose,
    gewürfelt

1 TL Meersalz

Blätter von 1 kleinen Bund
    glatter Petersilie, fein gehackt

Würzige Clam Chowder

Für 6–8 Portionen

Es gibt viele Varianten einer gebundenen Suppe: cremig im Neuenglandstil, tomatenartig im Manhattenstil und dutzend andere Möglichkeiten. Doch diese sämige Bostoner Venusmuschel-Chowder ist mir in ganz besonders guter Erinnerung geblieben: würzig, heiß und dampfend, mit salzigen Crackern dazu. Das Gericht ist einfach zuzubereiten, und das Olivenöl sorgt für das i-Tüpfelchen an Geschmack und Gesundheit. Ihren englischen Namen *Chowder* verdankt diese Suppenart vermutlich dem französischen Wort für einen großen eisernen Kochtopf *Chaudière*, der mit den französischen Siedlern nach Kanada gelangte. Auf ihrem Weg nach Süden traf die Chowder auf New Yorks Italiener, die vorzugsweise heimische Tomaten statt Milch zum Binden verwendeten, wodurch sich vermutlich erst hier die typische Sämigkeit entwickelte. In Amerika werden meist fangfrische Sandklaffmuscheln verwendet. In anderen Teilen der Welt können Sie aus heimischen Venusmuscheln oder anderen zweischaligen Muschelarten wie Austern oder Miesmuscheln wählen. Im Notfall eignen sich auch Venusmuscheln aus der Dose – mit oder ohne Schale – die jeweils am Ende der Kochzeit zugegeben werden.

In einer großen Pfanne die Hälfte des Olivenöls erhitzen und den Speck darin knusprig braten. Dann herausheben, die Venusmuscheln zugeben und mit der Hälfte des Fischsuds ablöschen. Die Pfanne abdecken und die Suppe aufkochen lassen. Bei reduzierter Hitze etwa 5 Minuten garen, bis sich die Muscheln öffnen.

Ein nasses Mulltuch oder Küchenkrepp in ein Sieb legen und die Venusmuscheln samt Flüssigkeit durchsieben, um Sandreste herauszufiltern. Muscheln und Sud beiseite stellen.

In der ausgespülten Pfanne das restliche Öl erhitzen, Zwiebelwürfel, Kartoffeln und Staudensellerie zugeben, mit Paprika und Chili würzen und 5 Minuten anbraten. Tomaten, die übrige Fischbrühe und Salz unterrühren, aufkochen und bei geringer Hitze etwa 10 Minuten garen, bis das Gemüse halbzart ist. Den Muschelsud, Speck und Muscheln zugeben und 5 bis 10 Minuten bei geringer Hitze ziehen lassen, damit sich die Aromen vermischen. Mit Petersilie garniert in tiefen Suppentellern servieren.

Tipp: Traditionellerweise reicht man *Saltines* (gesalzene, knusprige Cracker) dazu, doch alle anderen salzigen Cracker eignen sich ebenso wie Baguette oder krosse Brötchen.

Soupe au Pistou

4 EL natives Olivenöl extra

350 g Kartoffeln, in 1 cm
   große Würfel geschnitten

1 mittelgroße Stange Lauch,
   in ca. 1 cm dicke
   Scheiben geschnitten
   (ca. 200 g)

2 Möhren, in 1 cm dicken
   Scheiben geschnitten

250 g Kürbis, gewürfelt in
   ca. 1 x 1 cm

2 Zucchini, gewürfelt oder
   in Scheiben zu 1 cm
   geschnitten

250 g Tomaten, abgezogen,
   entkernt und gewürfelt

6 Blätter Frühjahrskohl,
   Grünkohl oder Cavolo-
   nero-Kohl (wahlweise)

100 g grüne Bohnen, auf
   5 cm Länge gekürzt

250 g gepalte frische
   Gartenbohnen oder aus
   der Dose bzw. 100 g
   getrocknete Bohnen,
   gewässert und gekocht

125 g trockene Pasta

2–2 ½ TL Salz

Für die Pistoupaste:

6 Knoblauchzehen, fein
   gehackt

1 TL grobes Meersalz

25 g Basilikumblätter

75 g gemahlener Parmesan

125 ml natives Olivenöl
   extra

Für 4 Portionen; ca. 3 Liter

Pistou ist die französische Variante des italienischen Pesto, allerdings ohne Pinienkerne. Gemüsesuppen und Pasta werden mit einem Klecks dieser aromatischen Sauce zu einem herrlichen Gericht aufgewertet. Heiß serviert sind diese Suppen gesunde Muntermacher. Kalt haben sie eine ganz eigene, frische Eleganz. In der Provence und in Ligurien werden frisch gepalte weiße Bohnen wie Gartenbohnen oder Cannelini bevorzugt, doch auch Bohnen aus der Dose oder dem Glas eignen sich ebenso wie getrocknete.

In einer großen, schweren Kasserolle das Öl erhitzen. Kartoffeln, Lauch, Möhren und Kürbis darin braten, bis das Gemüse halbzart und aromatisch ist (ca. 10 Minuten).

2 Liter kochendes Wasser aufgießen, dann Zucchini, Tomaten, Kohl, sämtliche Bohnen, Pasta und Salz zugeben. Aufkochen, die Hitze zurücknehmen, halb mit einem Deckel ab-decken und 20 Minuten garen lassen bzw. solange, bis das Gemüse weich und die Pasta fertig gekocht ist. Nach Bedarf mit etwas Salz abschmecken.

In der Zwischenzeit das Pistou zubereiten. Knoblauch, Salz und Basilikum in eine Küchen-maschine oder einen Mixer geben und zu einer gleichmäßigen Masse pürieren. Bei laufen-dem Knetwerk mit der Hälfte des Käses und nach und nach mit der Hälfte des Olivenöls verrühren. Den übrigen Käse und das Öl zusammen zugeben und nochmals verquirlen. Die Paste kann auch mit Mörser und Stößel zubereitet werden. Sie sollte intensiv grün sein – anders als im Laden gekauftes Pesto oder Pistou.

Die Suppe heiß oder kalt servieren, mit einem großzügigen Löffel der grünen Paste obenauf. Das Pistourezept ergibt 250 Milliliter – sollte etwas davon übrig bleiben, können Sie es für Pasta, gegrillten Toast oder zu gebackenem Fisch verwenden oder unter ein schlichtes Risotto rühren.

Bunter Wildblattsalat

In Griechenland sprießt im Frühling und Sommer eine herrliche Vielfalt an zarten grünen Blättern und Kräutern. Allerlei Blattsorten können verwendet werden – angefangen beim wilden Meerfenchel bis hin zu Löwenzahnblättern, Rucola, wildem Senf, Endivien, Gemüseportulak oder den Blättern von Rettich und Rote Bete. Einige dieser Schätze sind auch hier auf den Märkten oder in Fachgeschäften erhältlich. In Griechenland besteht das Salatdressing in der Regel schlicht aus heimischem Olivenöl, etwas Zitronensaft und Gewürzen. In einigen Haushalten kommt reichlich Knoblauch hinzu. Daraus lassen sich herrliche, emulgierte Dressings wie auf den Seiten 53 bis 55 beschrieben, zaubern. Seien Sie kreativ.

Für das Dressing Knoblauch, Salz und die Hälfte des Zitronensafts mit dem Pürierstab vermengen. Das Öl darüber träufeln und weiter durchschlagen, bis sich eine glatte Emulsion bildet. Mit Zitronensaft abschmecken.

Alternativ kann man Knoblauch und Salz mit Mörser und Stößel verreiben. Das Öl tropfenweise dazugeben. Weiterstoßen, bis sich eine glatte Emulsion bildet. Mit Zitronensaft würzen.

Die gewaschenen und zerkleinerten Blätter und Kräuter mit den Zwiebelringen in eine große Schüssel geben und mit einem Plastikbeutel abdecken. Gut verschließen und bis zum Servieren kalt stellen.

Kurz vor dem Servieren das Dressing über die Blätter träufeln und mit den Händen oder zwei Holzlöffeln gut durchmischen.

Für das Dressing:

2 Knoblauchzehen, gepresst
½ TL Meersalzflocken
1–1 ½ EL frisch gepresster Zitronensaft
4–6 EL natives Olivenöl extra, vorzugsweise griechisches oder italienisches

Für den Salat:

2 Hand voll scharfwürzige Blätter wie Rucola oder Brunnenkresse
2 Hand voll zartbittere Blätter wie Endivien, Batavia oder Frisée
2 Hand voll knackige Kopfsalatblätter (Little Gem)
1 kleiner Chicorée
1 kleiner Radicchio
Blätter von 1 kleinen Bund glatter Petersilie, Dill oder Minze (wahlweise)
1 kleine rote Zwiebel, in feine Ringe geschnitten

Für 4 Portionen

Tabbouleh

200 g feiner oder mittelgrober
   Bulgurweizen
Saft von 1 ½ Zitronen
8 Frühlingszwiebeln, in feine
   Ringe geschnitten
1 große Hand voll frische
   Pfefferminzeblätter, 1 Tasse
1 große Hand voll glatte
   Petersilienblätter, ca. 1 Tasse
4 EL natives Olivenöl extra
Meersalz, frisch gemahlener
   schwarzer Pfeffer

Als Garnitur (wahlweise):
2 Romanasalatblätter oder
   4 Little Gems, zerteilt
4 Eiertomaten, geviertelt, oder
   16 Cherrytomaten, halbiert

Für 4–6 Portionen

Richtig gutes, authentisches *Tabbouleh* – so haben mir libanesische Freunde, die sich als wahre Aficionados betrachten, versichert – sollte so reich an Kräutern sein, so grün, dass kaum ein zerstoßenes Bulgurkorn sichtbar ist. Zudem gehört unbedingt erstklassiges Olivenöl dazu. Auch hier lautet die Devise: nicht geizen. Erst dann wird das Gericht zu einem kulinarischen Erlebnis.

Den Bulgurweizen in eine feuerfeste Schüssel geben, mit 500 Milliliter kochendem Wasser übergießen und den Saft ½ Zitrone unterrühren. 20 Minuten stehen lassen, damit die Körner die Flüssigkeit aufnehmen können.

Den gequollenen Bulgur abschütten und das Wasser herausdrücken. Wieder in eine Schüssel füllen, den restlichen Zitronensaft darüber träufeln und beiseite stellen.

Frühlingszwiebeln, Minze und Petersilie in einem Mixer zu einer leuchtend grünen Masse pürieren. Das Püree mit dem Öl, etwas Salz und Pfeffer zu dem Bulgur geben und gut vermengen. Das Tabbouleh auf einer großen, flachen Platte anrichten oder in eine kegelförmige Schale drücken, um eine Hügelform zu erzeugen. Auf die Platte stürzen. Nach Geschmack mit Salat und Tomaten garnieren.

Couscous mit würzigen Früchten

4 EL natives Olivenöl extra
2 Knoblauchzehen, fein
   geschnitten
1 Zwiebel, in Ringe geschnitten
½ TL Kümmelkörner
½ TL Korianderkörner
½ TL roter Paprika edelsüß
½ TL Salz
500 ml heiße Hühnerbrühe
175 g Instant-Couscous
50 g geraspelte Mandeln, ohne
   Fett geröstet
20–25 Weintrauben, halbiert,
   ca. 150 g
6 frische Feigen oder Aprikosen,
   oder 2 Pfirsiche, geviertelt
   und entsteint
1 EL Harissapaste (nach
   Geschmack)

Für 4 Portionen

Traditionell wird nordafrikanisches *Couscous*, eine Art Grießpasta, über einer Tagine oder einem Eintopf gedünstet und mit etwas feuriger Harissapaste serviert. Das heute erhältliche Instant-Couscous ist aber ebenfalls sehr gut, vor allem schnell zubereitet. Heiß oder kalt passt es hervorragend zu Fleisch, Geflügel oder zu kalten, knackigen Blattsalaten wie Chicorée, Brunnenkresse und Rucola. Nordafrikanische Olivenöle sind häufig sehr scharf, können aber auch fruchtig und zart sein.

Das Öl in einer Kasserolle erhitzen, Knoblauch und Zwiebel 2 Minuten anbraten. Kümmel und Koriander grob zerstoßen und mit dem Paprika einrühren. 1 weitere Minute garen. Salz, Brühe, Couscous, Mandeln und Weintrauben zugeben, durchrühren und aufkochen. Die Hitze reduzieren, Feigen, Aprikosen oder Pfirsiche zu dem Couscous geben und abdecken.

2 Minuten bei schwacher Hitze garen, den Herd abschalten und das Gericht zugedeckt 5 Minuten ruhen lassen. Den Deckel abnehmen und das Couscous mit einer Gabel auflockern – die Flüssigkeit sollte vollkommen aufgesogen sein. Sofort servieren.

Info: Auf diese Weise zubereitete frische Aprikosen und andere Steinfrüchte färben sich gerne braun oder dunkeln nach, wenn sie nicht sofort verzehrt werden – dies beeinträchtigt zwar nicht den Geschmack, aber das Gericht verliert an Farbe.

Orangensalat aus Fez

mit Oliven und Zwiebeln

4–6 große Orangen,
  ca. 675 g
1 TL Orangenblütenwasser
1 TL Harissapaste
4 EL natives Olivenöl extra
2 rote Zwiebeln, in dünne
  Ringe geschnitten
ca. 20 grüne, mit Anchovis
  gefüllte Oliven
ca. 20 schwarze, trocken
  eingelegte Oliven
8 Pfefferminzezweige zum
  Garnieren

Für 4–6 Portionen

Ein Hauch von Exotik: ein Salat mit einem Dressing von blumig-maurischer Note, und dank der würzigen Harissapaste leicht scharf. Das Olivenöl – eine Hauptzutat dieses farbenprächtigen Salats – gleicht dies wieder aus. Als Einzelgericht oder als Beilage zu empfehlen. Fez ist eine der kulinarischen Hauptstädte Marokkos, und das dortige Öl ist würzig und aromatisch, wenn auch etwas herb.

Die Orangen waschen, mit einem Zestenreißer ca. 1 Esslöffel Schale in dünnen Streifen abziehen. Die Orangen schälen und quer in Scheiben schneiden, dabei den Saft auffangen.

Orangensaft, Orangenblütenwasser, Harissa und Olivenöl zu einem rosaroten Dressing verschlagen. (Sollte es nicht genug Saft sein, drücken Sie 1 Orangenscheibe aus und geben Sie den Saft hinzu.) Die Zwiebelringe mit kochendem Wasser übergießen, 2 Minuten ziehen lassen und abtropfen. Mit Eiswasser abschrecken und trockentupfen.

Die Orangenscheiben auf einem flachen Teller leicht überlappend anrichten. Die Zwiebelringe und die Oliven darauf geben, das Dressing darüber träufeln und zum Schluss mit Orangenschalen und Pfefferminze garnieren. Kalt servieren.

Kubanische und südamerikanische Küchenchefs in Miami servieren trendige *Salsitas* wie diese. Variieren Sie die tropischen Geschmacksnuancen nach Lust und Laune und Saison der Früchte. Alternativ können Sie auch Mangos, Pfirsiche, Nektarinen, Zuckermelonen oder Ananas verwenden. Reichen Sie die Salsa zu Pfannengerichten, gegrilltem Fleisch und Fisch oder Geflügel vom Holzkohlengrill oder Ziegenkäse. Probieren Sie die feinen Olivenöle aus der Neuen Welt – sie werden die Zitrusaromen abrunden.

Papaya-Salsita »Miami«

1 große Papaya, ca. 300 g
   herausgelöstes Fleisch
½ mittelgroße rote Zwiebel,
   fein gewürfelt
½ rote Habanero oder
   Scotch-Bonnet-Chili-
   schote, entkernt und
   fein gehackt
fein geschnittene Schale
   und Saft von 1 Limette
fein geschnittene Schale
   und Saft von 1 Orange
4 EL natives Olivenöl extra
½ TL Honig oder
   Granatapfelmelasse*
1 TL Meersalzflocken

**Für 4–6 Portionen;
ca. 600 ml**

** Granatapfelmelasse ist in
   guten Lebensmittelläden,
   Feinkostgeschäften und
   Asienläden erhältlich.*

Die Papaya entkernen, dabei 1 Esslöffel der Kerne beiseite legen (sie verleihen der Sauce eine pfeffrige Note). Das fein gewürfelte Fruchtfleisch mit Zwiebel, Chili, den Schalen und dem Saft der Zitrusfrüchte in eine Schüssel geben.

Olivenöl und Honig unterheben. Mit Salz würzen. Vor dem Servieren nach Belieben die Papayakerne über die Sauce streuen. Die Salsita kann bis zu 4 Stunden vor dem Verzehr vorbereitet werden.

Mozzarella-, Tomaten- und Rucolasalat

3 Kugeln Büffel-Mozzarella
à 150 g

4 große, saftige, sonnen-
gereifte rote Tomaten

4 große Hand voll frischer
wilder Rucola, ca. 350 g

6–8 EL natives Olivenöl
extra aus erster Pres-
sung, vorzugsweise
italienisches

Meersalz, frisch gemahle-
ner schwarzer Pfeffer

Für 4 Portionen

Der berühmte italienische Capresesalat wird normalerweise mit Basilikum zubereitet. In dieser Variation verleiht Rucola diesem Gericht einen interessanten, würzig-scharfen Biss. Verwenden Sie nur erstklassigen, milchigen, weichen Mozzarella di buffala, den in Molke schwimmenden Käse, der aus der sehr reichhaltigen Milch der Wasserbüffel (nicht von normalen Kühen) hergestellt wird. Dazu vollreife, aromatische Tomaten und ein herausragendes, ungefiltertes Olivenöl, möglichst aus Erzeugerabfüllung und natürlich erster Pressung – himmlisch. Stellen Sie den Salat niemals in den Kühlschrank: Bereiten Sie ihn erst kurz vor dem Verzehr zu. Etwas Weißbrot und einen kräftigen roten Landwein dazu, und als Nachtisch Früchte der Saison – ein leckeres Mahl.

Mozzarella abtropfen lassen und in dicke Scheiben schneiden, so dass die Maserung gut zur Geltung kommt. Den Käse auf der einen Seite der Platte anrichten.

Die Tomaten nicht allzu dünn aufschneiden und neben dem Mozzarella in der Mitte des Tellers platzieren. Bei sehr großen Tomaten empfiehlt es sich, sie zuerst zu halbieren und Halbkreise zu schneiden. Die Rucolablätter neben den Tomaten anrichten.

Mit Salz und Pfeffer würzen und kurz vor dem Servieren mit Olivenöl beträufeln. Frisches Baguette oder Ciabatta sollte auf keinen Fall fehlen, um die Sauce auftunken zu können.

Variation: Herbe, würzige schwarze Oliven passen auch sehr gut dazu.

750 g murmelgroße neue
   Kartoffeln, geputzt
160 ml natives Olivenöl extra,
   vorzugsweise aus Australien
   oder Neuseeland
85 g geräucherte Austern aus
   der Dose, abgetropft
2 TL Dijonsenf
frisch gepresster Saft
   von 1 Limette
2 Knoblauchzehen, gepresst
2–3 TL roter Paprika edelsüß
Meersalzflocken, frisch gemahlener schwarzer Pfeffer
1 Bund frischer Schnittlauch,
   fein geschnitten, oder etwas
   Basilikum zum Garnieren

Für 6 Portionen

Die Kartoffeln in kochendem Salzwasser gar kochen. Abseihen, mit einer Gabel leicht zerdrücken und wieder in den noch heißen Topf legen. Etwa die Hälfte des Olivenöls darüber träufeln und mit Salz und Pfeffer würzen.

Für das Dressing das übrige Öl, Austern, Senf, Zitronensaft, Knoblauch und Paprika in einem Mixer cremig pürieren. Die halbe Menge Dressing über die warmen Kartoffeln gießen, den Rest extra servieren. Die Kartoffeln mit Schnittlauch oder Basilikum garnieren und heiß oder kalt servieren.

Variation: Für ein pinkfarbenes, vegetarisches Salatdressing verzichten Sie auf die Austern und greifen stattdessen zu einem anderen berühmten neuseeländischen Produkt, der Tamarillo oder Baumtomate: 2 reife Tamarillos halbieren, das Fruchtfleisch herauslösen und mit den übrigen Zutaten vermischen.

Kartoffelsalat »down under«

Neuseeländer sind ganz wild auf die weißen, murmel-großen neuen Kartoffeln. Meist sind sie nur vor Ort erhältlich, aber ein kleiner Überschuss wird auch nach Australien und Kalifornien exportiert. Falls Ihnen die einfache Variante mit Butter oder Öl und Kräutern zu langweilig wird, an interessanten Dressings mangelt es nicht. Mein Rezeptvorschlag mit geräucherten Austern aus der Dose, frischem Limettensaft und erstklassigem nativen Olivenöl extra lässt das Gericht etwas seltsam aussehen, dafür schmeckt es einfach fantastisch.

Die in Neuseeland und Australien hergestellten Oliven-öle sind ausgezeichnet. Wie Weine werden sie entsprechend der Art, der Region und des Charakters klassifiziert, was auf den Flaschenetiketten ausgewiesen wird. Dieser aufstrebende Erwerbszweig ist ein gutes Beispiel für die Art und Weise, wie man am anderen Ende der Welt die Ölproduktion angeht: mit wissenschaftlichem Know-how und moderner Technik.

Antipasti und Snacks

Hochwertiges Olivenöl verleiht Vorspeisen Extravaganz und Pfiff. Diese Gaumenschmeichler können Sie mit frischen, eingelegten, gesalzenen, getrockneten oder geräucherten Zutaten zubereiten und zu einfachen Pürees, Dips und Brotaufstrichen reichen. Natives Olivenöl extra ist die hervorragende Geheimzutat jedes mediterranen Küchenchefs: Sämtliche Antipasti verdanken diesem Öl erlesenes Aroma und Geschmack.

Australischer Vorspeisenteller

Auch wenn diese zwanglose Vorspeisenauswahl zu den australischen Leibspeisen zählt, stammt sie ursprünglich aus dem Mittelmeerraum. Köstliche Antipasti, Mezze oder Tapas-Gerichte gelangten durch Auswanderer in den südlichen Pazifik. Deren Küche erfuhr eine Bereicherung durch einheimische Erzeugnisse wie Fisch und unterschiedlichstes Meeresgetier. Zudem fügten australische Küchenchefs dank ihres Elans und Talents eine gewisse elegante, moderne Note hinzu. Sydney – wo Essen und Wein quasi eine Religion für sich bildet – gilt mittlerweile als eine der großen kulinarischen Hauptstädte der Welt.

125 g milder Ziegenkäse oder
    Büffel-Mozzarella, geschnitten
    oder gerissen
4 EL Kapern, kurz gewaschen
1 Fenchelknolle, der Länge nach
    fein geschnitten
4 gekochte Yabbies (Fluss-
    krebse), Riesengarnelen oder
    Flusskrebsschwänze, in der
    Schale, längs halbiert
4 EL gesalzene Macadamia-
    nüsse, Pistazienkerne oder
    schwarze Oliven
4 Scheiben Schinken, z.B.
    italienischer San Daniele,
    spanischer Serrano oder
    Känguruh-Prosciutto
4 frische Feigen, längs halbiert
4 Cherrytomaten
Blätter von 1 kleinen Bund
    frische vietnamesische Minze
    oder thailändisches Basilikum
2 TL thailändische oder
    vietnamesische Fischsauce
    oder Sojasauce
125 ml natives Olivenöl extra,
    aus Erzeugerabfüllung
1 EL geröstete Sesamsamen

Für 4 Portionen

Auf einer großen Platte oder vier Portionstellern eine Reihe aus Ziegenkäse oder Mozzarella, Kapern, Fenchel und Yabbies, Riesengarnelen oder Flusskrebsschwänzen anrichten. Eine zweite Reihe daneben aus Nüssen oder Oliven, rohem Schinken und Feigen drapieren. Die einzelnen Zutaten in Häppchengröße anordnen.

Die Cherrytomaten auf ein geöltes Backblech geben und im vorgeheizten Backofen bei 220 °C (Gas Stufe 4–5) etwa 10 Minuten grillen, bis sie leicht Blasen schlagen und weich sind. Die Tomaten in die zweite Reihe auf der Platte oder den Tellern eingliedern.

In einer Schüssel die Fischsauce mit der Hälfte des Öls und der halben Menge Kräuter (vietnamesische Minze oder thailändisches Basilikum) kräftig miteinander verschlagen. Die Mischung über den Käse, die Kapernfrüchte, den Fenchel und die Yabbies, Riesengarnelen oder Flusskrebsschwänze träufeln. Die übrigen Kräuter über das Gericht streuen und mit den gerösteten Sesamsamen garnieren.

Das verbliebene Olivenöl über die Nüsse oder Oliven, den Schinken, die Feigen und die gegrillten Tomaten verteilen. Nach 30 Minuten kalt servieren.

Grüne Oliven
auf syrische Art

Sollten Sie das Glück haben, direkt an frische grüne Oliven heranzukommen, hier ein Rezept für eine hausgemachte, hoch aromatische Marinade. Die Früchte sollten gelbgrün, aber noch hart sein. (Manchmal hat man Glück und erhält frische Oliven bei auf mediterrane Früchte und Gemüse spezialisierte Gemüsehändlern.) Syrische Olivenöle, wenn auch außerhalb des Landes schwierig zu finden, sind unverwechselbar und manchmal auch recht säuerlich.

2 kg grünlich gelbe handge-
   pflückte Oliven, ohne Zweige
   und Blätter
Schalen von 6 Orangen in
   langen Streifen
500 g Salz
4 EL getrockneter Thymian,
   gerebelt
4 EL getrockneter wilder
   Fenchel oder Dill, gerebelt
1–2 EL kleine getrocknete,
   scharfe rote Chilischoten
natives Olivenöl extra zum
   Bedecken

*2 große Einmachgläser,
   sterilisiert*

Für 2 große Einmachgläser

Die gesäuberten und gewaschenen Oliven in ein großes, nicht-metallisches Gefäß geben, reichlich mit kaltem Wasser bedecken und 4 Tage stehen lassen, wobei das Wasser alle 24 Stunden gewechselt werden muss.

Die Oliven abgießen, mit Küchenkrepp trockentupfen und nebeneinander auf einer dicken Plastikfolie verteilen, so dass sie sich nicht berühren. Die Früchte einige Stunden trocknen lassen.

Die langen Orangenschalenstreifen auf dem Rost verteilen und im vorgeheizten Backofen bei 180 °C (Gas Stufe 2–3) 12 bis 18 Minuten backen, bis sie kross sind. ⅔ der so gebackenen Schalen in einem Mixer zu grobem Pulver zermahlen. Das Orangenschalenpuder mit Salz, Thymian und Fenchel vermengen und über die Oliven streuen. Nochmals für 24 Stunden stehen lassen.

Am nächsten Tag die Oliven in zwei große sterilisierte Einmachgläser geben, die übrigen Schalen und Chilies untermischen und so viel natives Olivenöl extra zugießen, bis sie bedeckt sind. Die Gläser luftdicht verschließen, etikettieren und dunkel, kühl und trocken lagern. Nach etwa 1 Woche sind die Oliven verzehrfertig.

Aus Marokko
Marinierte schwarze Oliven

Bereits eingelegte schwarze Oliven werden noch aromatischer, wenn man sie halbiert oder ein wenig mit einer Gabel einsticht und nochmals in Würze und feinem Olivenöl mariniert. Variieren Sie selbst! Dies hier ist meine bevorzugte Mischung. Marokkanisches Öl verleiht dem Gericht Authentizität, doch jedes andere kräftige native Olivenöl eignet sich ebenso.

750 g schwarze Oliven in der Lake
2 EL Fenchel oder Kümmelkörner, grob zerstoßen
1 EL grüne Kardamomkapseln, gemahlen
1 EL kleine, getrocknete, scharfe rote Chilischoten
2 EL Pimentkörner, zerstoßen
850 ml natives Olivenöl extra
12 Lorbeerblätter, leicht zerdrückt
20 cm lange Streifen Orangenschale, zerdrückt

1 großes Einmachglas (1,5 l), sterilisiert, oder 3 Einmachgläser à 500 ml

Für 1,5 Liter

Die Oliven in kaltem Wasser abspülen, abtropfen und trockentupfen. Die Früchte auf eine saubere, trockene Fläche legen und sie mit einem Fleischklopfer vorsichtig aufbrechen oder mit einer Gabel leicht einstechen, damit die Marinade besser eindringen kann.

In einer Bratpfanne den Fenchel oder Kümmel, Kardamom, Chilischoten und Pimentkörner bei mittlerer Hitze einige Minuten anbraten, bis sie duften.

In einer Kasserolle das Olivenöl auf 180 °C erhitzen, dann etwas abkühlen lassen. Mit einem sterilisierten Löffel Orangenschale, Lorbeerblatt, Oliven und Gewürze schichtweise in die Gläser füllen. Die Oliven mit dem heißen Öl übergießen und unbedeckt abkühlen lassen. Nach dem Abkühlen luftdicht verschließen und dunkel, kühl und trocken lagern.

Tipp: Mindestens 1 Woche stehen lassen. Die Oliven halten sich lange und werden von Monat zu Monat besser.

Einfach, köstlich und wunderbar aromatisch. Einige Köche salzen die Auberginen sehr stark, in der Hoffnung, dass sie auf diese Weise weniger Öl benötigen. Ein seltsamer, jahrhundertealter Streit.

Auberginen-Antipasti
mit Pinienkernen und Kräutern

2–3 mittelgroße Auberginen,
  ca. 700 g
2 EL Meersalzflocken
125 ml natives Olivenöl extra
1 kleines Bund frische Minze,
  die Hälfte als Zweige, die
  andere Hälfte fein gehackt
1 kleines Bund glatte Petersilie,
  die Hälfte als Zweige, die
  andere Hälfte fein gehackt
2 EL gereifter Balsamicoessig
50 g Pinienkerne
Meersalz, frisch gemahlener
  schwarzer Pfeffer

Für 4–6 Portionen

Die Auberginen in ca. 1 cm dicke Scheiben schneiden. Die Scheiben beidseitig mit einer Gabel anstechen, mit Salz bestreuen, 20 Minuten ziehen lassen, dann trockentupfen.

Eine geriffelte Bratpfanne mit Olivenöl ausreiben und erhitzen. Die Auberginenscheiben beidseitig mit Olivenöl bestreichen, nebeneinander in die heiße Pfanne geben und flach drücken. Auf jeder Seite 3 bis 5 Minuten braten, bis das Gemüse zart und aromatisch ist. In einer weiteren Pfanne 1 Esslöffel Olivenöl erhitzen und die Pinienkerne darin rösten, bis sie goldbraun sind, dann beiseite stellen.

Die Auberginen mit der gehackten Minze und Petersilie und etwas schwarzem Pfeffer bestreuen und einige Tropfen Balsamicoessig darüber träufeln. Auf Tellern anrichten, mit Pinienkernen, Minze- und Petersilienzweigen garnieren.

Tipp: Sollten Sie ganz frische, junge Auberginen bekommen, dann können Sie auf das Einsalzen verzichten und dem Rezept wie oben beschrieben folgen.

Freunde aus Armenien braten ihre Auberginen über einem Holzkohlenfeuer: Madhur Jaffrey spießt sie mit der Gabel auf und hält sie direkt über die Flamme – lecker, aber langwierig. Doch auch das Ergebnis meiner einfachen Methode – die ungeschälten Auberginen würfeln, in Olivenöl tauchen und scharf anbraten – kann sich sehen lassen. Sowohl warm als auch kalt oder eisgekühlt zu genießen: als Vorspeise, zu einem Mittagssalat oder zu gemischter Mezze.

Babaghannouj

2 mittelgroße Auberginen,
  ca. 500 g, in 2 cm große
  Würfel geschnitten
125 ml natives Olivenöl extra
4 EL frisch gepresster
  Zitronensaft
4 EL Tahinepaste
3–4 Knoblauchzehen,
  gepresst
1 Bund Petersilie, fein gehackt
1 TL Meersalzflocken
Joghurt, nach Geschmack

Für 4–8 Portionen; 500 g

Die Auberginenwürfel in die Hälfte des Olivenöls rundum eintauchen. Dann auf ein Backblech verteilen und im vorgeheizten Backofen bei 200 °C (Gas Stufe 3–4) 20 bis 25 Minuten leicht knusprig backen. Die Auberginenwürfel mit dem übrigen Öl, Zitronensaft, Tahinepaste, Knoblauch, Petersilie und Meersalz in 35 bis 45 Sekunden zu einer groben, aber cremigen Masse pürieren. Die Auberginencreme würzen und abschmecken.

Warm, kalt oder eisgekühlt servieren, mit etwas Joghurt oder Olivenöl obenauf. Dazu heißes Fladenbrot und frischen Salat servieren, oder als Beilage zu Gemüse oder einem Lammbraten.

Info: Tahina, Tahine, Tahini sind lediglich verschiedene Schreibweisen. Es gibt natürlich auch fettärmere Varianten, allerdings schmecken diese nicht so gut.

Verschiedene Varianten dieses überaus schmackhaften Gerichts finden sich in ganz Spanien, dem Baskenland und in Südfrankreich. Die geographischen Wurzeln bestimmen die Zutatenliste und die jeweilige Zubereitungsform – in jedem Fall gehören Paprika, Knoblauch, Tomaten, Schinken, häufig auch Eier dazu, ebenso wie ein fruchtiges, kräftiges Olivenöl. In St. Jean de Luz in den Pyrinäen wird es mit scharfen roten Chilischoten und dem ortsüblichen rohen Schinken zubereitet. Ein gutes, erdiges Olivenöl ist die perfekte Ergänzung.

Piperrada

4 EL natives Olivenöl extra
1 spanische Zwiebel, in Ringe geschnitten
3 Knoblauchzehen, in dünne Scheiben geschnitten
2 rote Paprikaschoten, halbiert, entkernt und in Streifen geschnitten
2 gelbe Paprikaschoten, halbiert, entkernt und in Streifen geschnitten
2 rote Tomaten, abgezogen und in Scheiben geschnitten
Salz, frisch gemahlener schwarzer Pfeffer
6 Eier
4 Scheiben luftgetrockneter Serrano- oder Parmaschinken
1 getrocknete rote Chilischote, zermahlen (wahlweise)

Für 6–8 Portionen

In einer schweren Bratpfanne 3 Esslöffel Olivenöl bei mittlerer Hitze erwärmen. Die Zwiebeln und den Knoblauch in das Öl geben und anbraten, bis sie weich sind und duften, aber noch nicht angebräunt sind. Paprikaschoten und Tomaten zugeben, die Pfanne zudecken und das Gemüse bei reduzierter Hitze 8 bis 12 Minuten zu einem weichen, dicken Püree einkochen. Mit Salz und Pfeffer abschmecken.

Die Eier in eine Schüssel schlagen, salzen und pfeffern und mit einer Gabel verquirlen. In der Mitte der Bratpfanne mit einer Spatel etwas Platz schaffen und die Eier hineingießen. Die Eier bei mittlerer Hitze ständig umrühren, bis sie halb gestockt sind. Den Herd ausschalten.

Die Schinkenscheiben zusammenfalten oder zu Röllchen formen und in die Pfanne geben. Nach Geschmack etwas zerriebene Chilischote darüber streuen und heiß in der Pfanne servieren.

Tipp: Als Beilage werden häufig in Olivenöl gebratene runde oder dreieckige Weißbrotscheiben gereicht.

Süßkartoffel-Frittata

1–2 orangefarbene
    Süßkartoffeln (Kumara)

1 kleines Bund glatte Petersilie,
    grob gehackt

2–3 Knoblauchzehen, fein
    gehackt

6 Freilandeier

Meersalz, frisch gemahlener
    schwarzer Pfeffer

4 EL natives oder natives Oliven-
    öl extra, wenn möglich aus
    Australien oder Neuseeland

Für 4–6 Portionen

Eine Frittata vom anderen Ende der Welt: Ein Free-Style-Süßkartoffelomelette wird durch die goldene Süße der Kumara (eine neuseeländische Sorte) zu einer Besonderheit und erhält Pfiff durch Knoblauch, Petersilie sowie ein fruchtiges, erstklassiges Olivenöl. Es schmeckt lecker: einfach so, zu getoastetem Baguette, gegrillter Ciabatta oder in ein weiches Fladenbrot eingerollt.

Die Süßkartoffeln im vorgeheizten Backofen bei 180 °C (Gas Stufe 2–3) etwa 30 Minuten backen. Alternativ können sie auch im Dampfkochtopf gegart werden.

Petersilie, Knoblauch, Eier, Salz und Pfeffer mit einer Gabel verrühren, dabei Eigelbe und Eiweiß nur grob verquirlen. Die Hälfte des Öls in einer großen beschichteten Pfanne erhitzen. Die Süßkartoffeln in Scheiben schneiden, in die Pfanne geben und bei großer Hitze auf einer Seite anbraten, nach 2 Minuten wenden. Dann die Eimischung über die Süß-kartoffeln gießen, garen lassen, bis sie zu stocken beginnen. Die Mischung in der Pfanne wie für ein Rührei leicht vermengen, bis die Eier fast durch, aber noch weich sind. Heiß auf Brot, Toast oder Fladenbrot servieren.

Trouchia

Dieser kräftige französische Snack ist insofern ungewöhnlich, als man ihn pikant (einfache Variante) oder aber süß (mit Rosinen) zubereiten kann. *Trouchia* gleicht einer *Tarte de blettes* (aus Ei, Gemüse, zuweilen auch Mangold, die auf Märkten und in den Straßen von Nizza stückweise vom Blech verkauft wird). Die Ursprünglichkeit verdankt dieses Gericht gutem Olivenöl.

250 g Mangold
1 kleines Bund Kerbel, fein gehackt (wahlweise)
1 kleines Bund glatte Petersilie, fein gehackt
5 Freilandeier
75 g frisch geriebener Parmesan
25 g Rosinen (wahlweise)
4 EL natives Olivenöl extra, wenn möglich aus der Provence
½ TL Salz
frisch gemahlener schwarzer Pfeffer

Für 6–8 Portionen

Den Mangold waschen, Blätter und Stiele recht fein schneiden und mit Küchenkrepp trockentupfen. Zusammen mit Kerbel, Petersilie, Eiern, Parmesan, Salz, Pfeffer und eventuell Rosinen in eine Schüssel geben und mit einer Gabel vermengen, so dass Eigelbe und Eiweiß nur grob verquirlt sind wie für ein Omelett.

Die Hälfte des Öls in einer flachen, backofenfesten Pfanne oder Form auf der Herdplatte erhitzen. Die Eimischung in die Pfanne gießen und bei mittlerer Hitze garen, dabei nicht Umrühren, sondern mit einer Spatel die Mischung zusammenschieben, bis die Ränder aufgehen und die Eimasse in der Mitte Blasen wirft (insgesamt etwa 5 Minuten).

Die Trouchia im oberen Drittel des auf 220 °C (Gas Stufe 4–5) vorgeheizten Backofens 10 Minuten backen. Die Pfanne aus dem Ofen nehmen, einen Teller fest darauf drücken und die Trouchia stürzen. Die noch heiße Pfanne abheben, das übrige Öl hineingießen und die gestürzte Trouchia wieder in die Pfanne gleiten lassen.

Die Trouchia weitere 3 bis 5 Minuten backen, bis sie fest ist. In Tortenstücke schneiden, heiß, lauwarm oder kalt servieren. In kleine Quadrate (ca. 2,5 cm) geschnitten eignet sich Trouchia auch als Partysnack.

Tipp: Wer auf die Rosinen lieber verzichten will, kann vor dem Servieren stattdessen ein paar Tropfen Weinessig über das Gericht träufeln.

Pan Amb Tomaquet

4 große dicke Scheiben weißes
   Landbrot
1 große vollreife rote Tomate
2 Knoblauchzehen, halbiert
6–8 Scheiben dünn ge-
   schnittener luftgetrockneter
   Serrano- oder Parmaschinken
3–4 EL natives Olivenöl extra,
   Erzeugerabfüllung oder
   naturtrüb

Für 4–6 Portionen

Pan Amb Tomaquet ist in Katalonien ein beliebter Snack: Weißbrot – eventuell geröstet – mit Knoblauch und grob zerdrückten Tomaten eingerieben, mit Olivenöl beträufelt und gesalzen. Eine Gaumenfreude. Hier eine leckere Variante: Zarter, ortstypischer luftgetrockneter Serranoschinken wird in lockeren Schlaufen darüber gelegt. Und ein original spanisches Olivenöl verleiht den letzten Pfiff. Um die Häppchen – *antojitos* – eleganter zu gestalten, kann man die Brot- und Schinkenscheiben vierteln.

Die Brotscheiben auf beiden Seiten kurz toasten, im Backofen oder über einem Grill rösten, so dass sie außen kross und innen weich sind. Eine Seite mit Knoblauch einreiben. Die Tomate halbieren und mit der Schnittseite die mit Knoblauch gewürzte Brotscheibe einreiben.

Die Snacks mit locker gefaltetem Schinken garnieren, reichlich mit Olivenöl beträufeln und sofort servieren.

Tipp: Natürlich können Sie die übrige Tomate in kleine Stücke schneiden und auf dem Brot verteilen. Oder einfach so essen.

Bruschetta mit Pilzen und Käse

Auch wenn das italienische Wort bruscare »über Holzkohle rösten« bedeutet – daher der Name Bruschetta – so ist die wichtigste Zutat erstklassiges, zähflüssiges, grün goldenes Olivenöl. Olivenöl direkt aus der Presse zu kosten ist ein kulinarisches Erlebnis. Knoblauchbrot wird immer geschätzt: Die hier vorgestellte Variante mit verzehrfertigen Toppings aus Steinpilzen in Öl und weichem Blauschimmelkäse ist rasch zuzubereiten und zudem eine Köstlichkeit.

8 ca. 2,5 cm dicke Scheiben
   italienisches Landbrot, z.B.
   Pugliese
4–6 Knoblauchzehen, gepresst,
   aber ungeschält
6–8 EL zähflüssiges, pfeffer-
   scharfes natives Olivenöl
   extra, vorzugsweise aus
   Sizilien oder Umbrien
250 g Pilze in Öl, z.B. Steinpilze,
   abgegossen und in Scheiben
   geschnitten
250 g Gorgonzola oder
   Dolcelatte-Käse
Salz, frisch gemahlener
   schwarzer Pfeffer

Für 4–8 Portionen

Die Brotscheiben auf beiden Seiten toasten oder rösten. Das heiße Brot mit dem Knoblauch einreiben, dann die Knoblauchschalen vom Brot entfernen. Mit ausreichend Olivenöl beträufeln, so dass dieses die warmen Brotscheiben durchtränkt. Die Hälfte des Brotes mit Pilzscheiben belegen, die andere Hälfte mit etwas Käse bestreichen. Leicht salzen (Vorsicht: Blauschimmelkäse können sehr salzig sein) und pfeffern. Sofort servieren.

Variationen: Statt der Steinpilze eignen sich auch in Öl eingelegte Artischockenherzen. Oder man nimmt 250 Gramm mit Knoblauchzehen gekochte Flageolet- oder Cannellini-Bohnen, die leicht mit einer Gabel zerdrückt werden. Die Brote mit kurz blanchierten Löwenzahn-, Rettich- oder Rucolablättern garnieren.

Saucen, Dips und Dressings

Vinaigrette und Mayonnaise, Pesto und Taramasalata – was täten wir nur ohne diese Klassiker? Glücklicherweise sind den Variationsmöglichkeiten keine Grenzen gesetzt: seidige Emulsionen, reichhaltige Cremes, pikante oder beißend scharfe Kräuterpasten. Und vergessen Sie nicht – Olivenöl an sich ist das Dressing par excellence. Im Küchenregal sollte daher immer Olivenöl vorhanden sein. Probieren Sie auch mal unterschiedliche Sorten aus – es lohnt sich.

Die Vinaigrette-Familie
Einfache Essig-Öl-Dressings

Das einfachste Dressing für Salat besteht aus einigen Tropfen hervorragendem nativen Olivenöl extra mit einigen Tropfen gereiftem Balsamicoessig. Aber auch phantasievolle Kombinationen aus Öl, Essig und Gewürzen, geschüttelt, gerührt oder mit dem Pürierstab verschlagen, nach Geschmack mit Senf, Sahne, Joghurt, gepresstem Knoblauch, Honig, Pesto oder Hummus erweitert, bereichern die Küche. Statt Essig eignen sich auch andere säuerliche Ingredienzien, wie Zitronen-, Limetten-, Orangen- oder Grapefruitsaft. Am häufigsten werden Weiß- und Rotweinessig verwendet; Essigsorten auf der Basis von Champagner, Reis- oder Palmwein bieten außerdem Möglichkeiten. Geröstete Samen oder Nusskerne, gehackte Kräuter, zerriebene Anchovis oder fein geschnittene Kapern verleihen Pfiff. Wer es luxuriös mag, sollte einen Teil des Öls durch Trüffelöl ersetzen. Bei einer Vinaigrette sind Ihrer Phantasie kaum Grenzen gesetzt.

Klassische Vinaigrette

75 ml Weiß- oder Rotweinessig (1 Teil)
375 ml natives Olivenöl extra (5 Teile)
Meersalz, frisch gemahlener weißer Pfeffer

Für 450 ml

Die Zutaten in eine Schüssel oder ein Glas mit Schraubverschluss geben. Verquirlen, aufschlagen oder schütteln, um eine leichte Emulsion zu erhalten. Die Vinaigrette kühl und dunkel lagern, da sie durch Licht und Hitze schnell ranzig wird. Innerhalb 1 Woche verbrauchen – um sie wieder zu vermengen, einfach erneut schütteln.

Für eine kleinere Menge – genug für 1 Portion Salat – wird 1 Teil Essig mit 5 Teilen Öl vermischt und nach Wunsch gewürzt. Sie können die Zutaten in einer Salatschüssel verschlagen. Den Salat darüber geben, etwas ruhen lassen (nicht länger als ½ Stunde) und kurz vor dem Servieren durchmischen.

Leichte Vinaigrette

Wem die klassische Vinaigrette zu schwer ist, der kann die Hälfte des Olivenöls durch Traubenkernöl ersetzen. Der Anteil an einfach ungesättigten Fettsäuren ist in diesem Fall erfreulich hoch.

Knoblauch-Vinaigrette

1 gepresste Knoblauchzehe zum Grundrezept hinzufügen, und schwarzen statt weißen Pfeffer verwenden, außerdem 2 Esslöffel Balsamicoessig und 2 Esslöffel Weißweinessig zugeben.

Senf-Vinaigrette

1 Esslöffel scharfes Senfpulver oder Senf, etwa Dijonsenf, unterrühren – fertig ist eine stabile Emulsion mit kräftiger Würze.

Zitronen-Anchovis-Vinaigrette

6 eingelegte Anchovisfilets zerdrücken und mit Pfeffer und etwas Zitronensaft vermischen, 2 Esslöffel kleine, eingelegte Kapern dazugeben und alles mit dem Öl verrühren.

Cremige Senf-Honig-Vinaigrette

2 Esslöffel Honig, 2 Esslöffel groben Senf und 2 gepresste Knoblauchzehen dazugeben und statt Essig Zitronensaft verwenden.

Joghurt-Vinaigrette

2 Esslöffel einfachen griechischen Joghurt, 2 gepresste Knoblauchzehen, 1 Esslöffel gehackten Dill und 1 Teelöffel geröstete Kümmelkörner vermischen. Ideal zu Hühnchen, Schwein oder Fisch.

Walnuss-Beeren-Vinaigrette

2 Esslöffel Olivenöl duch Walnussöl ersetzen. Schwarzen Pfeffer mit Johannisbeer- oder Himbeeressig dazugeben. Ein leckeres Dressing zu Ente, Gans, Truthahn und Reh.

Asiatische Vinaigrette

Eine Mischung aus gleichen Teilen Zitronensaft und Sojasauce erstellen. Salz durch Fischsauce ersetzen. Olivenöl und Macadamianussöl zu gleichen Teilen zugeben. Für ein Fischdressing ein paar Stückchen getrockneten Hijiki-Seetang dazugeben.

Trüffel-Champagner-Vinaigrette

Je zur Hälfte Trüffelöl und natives Olivenöl extra verwenden sowie Champagneressig und Weißweinessig zu gleichen Teilen.

Extra-Virgin-Dressing

Keinerlei Säure in diesem Fall: nur etwas Olivenöl aus Erzeugerabfüllung direkt über das Gericht – ein Genuss pur. Passt zu gegrilltem Fleisch und Fisch, warmem Gemüse, Pasta, Risotto und Couscous. Oder: direkt auf frisches, knuspriges Brot – himmlisch!

Die Mayonnaise-Familie
Hochzeit von Ei und Öl

Mayonnaise – die gekonnte Mischung aus Eigelb, Öl, wenig Säure und Gewürzen – muss bei richtiger Temperatur und mit entsprechender Rührtechnik hergestellt werden. Dann wird sie zu einer wunderbaren, reichhaltigen und dicken Emulsion. Probieren Sie es aus: Selbst gemachte Mayonnaise schmeckt ganz anders als die im Handel erhältlichen Produkte. Sie ist ein wahrer Glücksfall für die Kochkunst und nach Belieben variierbar. Viele finden Olivenöl allein zu kräftig im Geschmack: Mischen Sie natives Olivenöl extra zu gleichen Teilen mit Traubenkernöl, Distelöl oder einem anderen qualitativ hochwertigen und herzfreundlichen Öl. Oder Sie verwenden zu bodenständigen Gerichten doch nur Olivenöl – nur Mut.

Einfache Mayonnaise

2 Eigelbe (Zimmertemperatur)
2 TL Dijonsenf
¼ TL Salz
2 TL Zitronensaft oder Weißweinessig
200 ml natives Olivenöl extra
175 ml leichtes Öl, z.B. Traubenkernöl, Distelöl oder Sonnenblumenöl

Für 400 ml

Die Eigelbe mit Senf, Salz und der Hälfte des Zitronensafts oder Essigs zu einer glatten Masse verschlagen. Die Öle in einem kleinen Gefäß vermischen. Mit einem Handrührgerät die Ölmischung tropfenweise unter ständigem Rühren mit der Eimasse verquirlen, bis eine steife, glänzende Emulsion entsteht und alles Öl verbraucht ist. Die Mayonnaise abschmecken und den übrigen Saft oder Essig unterrühren. Nochmals abschmecken. Bis zum Verzehr mit Frischhaltefolie abdecken. Am besten schmeckt sie frisch, im Kühlschrank kann sie bis zu 3 Tage aufbewahrt werden.

Mayonnaise aus dem Mixgerät
Zum Grundrezept 1 ganzes Ei zufügen – die Position der Messer führt dazu, dass nicht genug Reibung entsteht; daher ist mehr Volumen nötig. So gelingt die Mayonnaise trotzdem, auch wenn die Emulsion dichter und weniger locker ist.

Würzige Mayonnaise
Außer Wein noch 1 Schuss Tabasco zugeben.

Einfache Rouille
2 große Prisen Safranpulver, 2 gepresste Knoblauchzehen, 2 Teelöffel Harissapasta und 2 Teelöffel Fischsud im Essig verrühren.

Estragon-Mayonnaise
Estragonessig verwenden und 2 Teelöffel blanchierte, fein gehackte Estragonblätter unter die fertige Mayonnaise heben.

Rosa Mayonnaise zu Meeresfrüchten
In der zweiten Hälfte des Zitronensaftes 1 Esslöffel Anchovispaste und 2 Esslöffel Tomatenpassata auflösen.

Aïoli
Salz mit 4 Knoblauchzehen zerstoßen. Die Eigelbe mit der Knoblauchpaste verrühren, dann wie im Grundrezept fortfahren.

Rote Aïoli
Wie Aïoli, aber noch 2 Esslöffel Paste von sonnengetrockneten Tomaten unterrühren.

Pesto-Aïoli
Zur Aïoli noch 3 bis 4 Esslöffel selbst gemachtes Pesto hinzugeben sowie fein gehackte Stückchen frisches Basilikum.

Einfache Sauce Tartare
Zum Grundrezept 4 Esslöffel gehackte Kräuter, 2 Teelöffel fein geschnittene Gewürzgurken, 2 Teelöffel Kapern, 2 Teelöffel Senf und 2 durch ein Sieb gestrichene hart gekochte Eier zugeben.

Einfache polnische Rote-Bete-Mayonnaise
2 Esslöffel frisch geriebenen Meerrettich und 6 Esslöffel fein pürierte gekochte Rote Bete unter die fertige Mayonnaise heben.

Englische Salatsauce
Mit 1 extra Schuss Essig würzen und mit geschlagener Sahne abschmecken.

Joghurt-Mayonnaise
Für ein elegantes, weniger reichhaltiges, mildes Dressing zu gleichen Teilen Mayonnaise und griechischen Joghurt vermengen.

Die Pesto-Familie
Grüne Kräuterpasten

Italienisches Pesto oder französisches Pistou – wo auch immer sie herkommen, diese Saucenfamilie basiert auf einer Mischung aus frischen Kräutern, die mit Knoblauch, Salz und gutem Olivenöl zu einer Creme verrührt werden. Traditioneller Bestandteil ist Basilikum, doch für andere leckere Varianten wird Petersilie oder Rucola verwendet. Käse ist eine der häufigsten Zutaten, seltener finden sich Nüsse, üblicherweise Pinienkerne.

Klassisches Pesto

- 100 g Pinienkerne
- 125 ml natives Olivenöl extra *200 ml*
- 6 Knoblauchzehen, gehackt
- 1 TL Meer- oder Steinsalz
- 25 g Basilikumblätter *15dl*
- 50 g frisch geriebener Parmesan
- 50 g frisch geriebener Pecorino

Für ca. 375 g

Die Pinienkerne in eine kleine Pfanne geben und mit 1 Teelöffel Olivenöl unter ständigem Rühren rasch goldbraun rösten. Die Pfanne vom Herd nehmen, abkühlen lassen.

Die gerösteten Pinienkerne mit dem Knoblauch, dem Salz und dem Basilikum in eine Küchenmaschine geben und zu einer Paste vermengen. Die Zutaten können auch mit Mörser und Stößel verarbeitet werden.

Bei laufendem Knetwerk oder während des Stoßens die Hälfte des Käses und nach und nach die Hälfte des Olivenöls einarbeiten. Den übrigen Käse und das Öl in einem Zug zugeben; dann ein letztes Mal durchmixen oder -rühren. Die Paste sollte von leuchtendem Grün sein.

Französisches Pistou

Wie im Grundrezept beschrieben, aber ohne Pinienkerne und ohne Pecorino-Käse. Passt gut zu Suppen (siehe Seite 27) und Pasta.

Koriander-Pesto

Petersilie und Koriander zu gleichen Teilen verwenden. Mandeln anstatt Pinienkerne und ausschließlich Parmesan verwenden.

Rucola-Pesto

Halb Basilikum, halb Rucola verleiht dem Pesto eine leicht bittere Note, die erstaunlich lecker schmeckt.

Petersilien-Pesto

Nur Petersilie, keine anderen Kräuter verwenden; Gorgonzola anstatt der anderen Käsesorten nehmen: eine Variante, die in Südfrankreich anzutreffen ist.

Harissapaste

In Tunesien, Marokko und Algerien sowie zunehmend in anderen Teilen der Welt greifen Köche zu einer aufregenden und feurigen Würze namens *Harissa*. Auch wenn sie mittlerweile in Dosen oder im Glas in Feinkostgeschäften und guten Lebensmittelläden erhältlich ist, schmeckt sie hausgemacht am besten. Im Kühlschrank oder Tiefkühlfach hält sie sich zudem ausgezeichnet. Olivenöl verleiht der Emulsion eine glatte, üppige Konsistenz und dient zugleich als Oberflächenversiegelung.

30 g große, getrocknete, scharfe
   Chilischoten, etwa Cascabel
   oder Kashmir-Chilies
2 große rote Paprikaschoten,
   gegrillt oder gebraten,
   anschließend enthäutet und
   entkernt
4 Knoblauchzehen, gepresst
½–1 TL Salz
2 EL Kümmelkörner, grob
   zerdrückt
2 EL Korianderkörner, grob
   zerstoßen
2 EL roter Paprika edelsüß
125 ml natives Olivenöl extra

Für 300 ml

Tsatsiki

Griechischer Joghurt ist so reichhaltig, säuerlich und fest, dass er an Käse erinnert. Wenn Ihnen kein Original zur Verfügung steht, nehmen Sie einfachen Joghurt und streichen ihn durch ein Mulltuch. Wer es fester mag, kann Frischkäse oder ein wenig Feta unterrühren. Das fertige Gericht sollte in Form bleiben. Der krönende Abschluss: ein Schuss gold-grünes griechisches Olivenöl obenauf.

Die Gurke grob reiben, in eine nicht-metallische Schüssel geben, mit Salz bestreuen und 10 Minuten ziehen lassen. Dann kräftig ausdrücken, so dass möglichst viel Flüssigkeit und Salz herausgepresst werden. Nicht ausspülen! Die Gurke mit dem Knoblauch und dem Joghurt vermengen. Den Tsatsiki in Portionsschälchen füllen, mit etwas Olivenöl beträufeln und mit den Beilagen servieren.

250 g Gurke, ungeschält
2 TL Salz
3 Knoblauchzehen,
   gepresst
375 ml gesiebter einfacher
   griechischer Joghurt
4 EL natives Olivenöl extra

Beilagen (wahlweise):
frische Minze oder Peter-
   silie, gehackt
schwarze Oliven
Brot
Gurke, in Dipstreifen
   geschnitten
Möhren, in Dipstreifen
   geschnitten

Für 4–6 Portionen;
   ca. 700 ml

Zitroniger, frischer *Hummus* und *hummus bi tahini* (mit gerösteter Sesampaste) sind köstliche nahöstliche Snacks. Sesam hat ein besonders intensives Aroma, aber auch Kichererbsen schmecken lecker. Wenn möglich sollte man getrocknete Kichererbsen ohne Haut verwenden (in griechischen Lebensmittelläden zu finden). Für ein 10-Minuten-Hummus empfehlen sich Kichererbsen aus der Dose. Der Geschmack steht und fällt allerdings mit dem Olivenöl.

Hummus

Die Kichererbsen in eine Schüssel geben, mit kochendem Wasser bedecken und 3 Stunden wässern (in kaltem Wasser 8 Stunden). Abtropfen lassen, in einer großen Kasserolle mit Wasser bedeckt aufkochen und halb zugedeckt 1 ½ bis 2 ½ Stunden bei geringer Hitze ziehen lassen, dann abgießen.

Die Kichererbsen zusammen mit dem Zitronensaft, dem Knoblauch, Salz, Pfeffer und der Tahinipaste (wahlweise) in einer Küchenmaschine kurz zu einer Mousse verrühren. Bei laufendem Knetwerk das Öl nach und nach zugeben, um ein cremiges Püree zu erhalten. Nach Geschmack würzen.

Kalt oder eisgekühlt servieren. Als Garnitur etwas scharfen roten Paprika darüber streuen und dann den traditionellen Schuss natives Olivenöl extra darüber geben. Dazu reicht man knackige Salatblätter und warmes, gerissenes oder aufgeschnittenes Fladenbrot sowie frisches Rohgemüse.

200 getrocknete Kichererbsen oder
   400 g gekochte
frisch gepresster Saft von 1 Zitrone
2 Knoblauchzehen, gepresst
¼ TL Salz
frisch gemahlener schwarzer Pfeffer
2 EL Tahinipaste (wahlweise)
125 ml natives Olivenöl extra

Zum Garnieren:
scharfes Paprikapulver
natives Olivenöl extra

Für 6–8 Portionen; ca. 400 ml

3 der getrockneten Chilischoten beiseite legen, die übrigen entkernen und von der Membran befreien. Alle Chilischoten zusammen in eine Schüssel geben und mit 500 Milliliter kochendem Wasser übergießen. Beiseite stellen, bis die Schoten das Wasser aufgesogen haben (ca. 30 Minuten).

Die aufgequollenen Schoten abtropfen lassen – das Abtropfwasser beiseite stellen –, zerkleinern und in einen Mixer geben (wer empfindlich auf Chilies reagiert, sollte dabei Gummihandschuhe tragen). Die gebratenen roten Paprikaschoten würfeln und mit dem Knoblauch, Salz, Kümmel, Koriander und Paprikapulver zu den Chilies geben.

Unter Zugabe von 2 Esslöffeln Quellflüssigkeit sowie dem Großteil des Olivenöls (5 bis 6 Esslöffel) die Zutaten zu einer glatten Sauce pürieren. Die Harissa in sterilisierte Gläser füllen. Sobald die Masse abgekühlt ist, eine dünne Schicht Olivenöl darüber geben, dann luftdicht verschließen. Im Kühlschrank gelagert innerhalb von 2 Wochen verbrauchen, tiefgekühlt ist die Harissa bis zu 1 Monat haltbar.

Tipp: Eignet sich zum Aufpeppen von Couscous oder Pasta, in Vinaigrettes, Mayonnaisen oder Lamm-Tagines.

Tapenade

Diese köstliche, tiefschwarze Paste kommt aus Südfrankreich und wird dort natürlich aus heimischen Oliven und Olivenöl hergestellt. Ursprünglich als Dip oder Brotaufstrich, findet sie heute zunehmend als Begleitsauce zu Fisch und Gemüse Verwendung. Als Grundsauce oder Würze für Pürees oder Pasta verleiht sie diesen eine mediterrane Note. Kapern, Anchovis und Thunfisch sind unerlässliche Zutaten, und der Cognac sorgt für die notwendige Schärfe. Verändern Sie das Rezept nicht: Es soll herzhaft und würzig sein.

350 g schwarze Oliven in
    Salzlake, entsteint (ca. 250 g
    ohne Steine)
50 g Anchovis aus dem Glas
100 g Thunfisch in Olivenöl
3 Knoblauchzehen, gepresst
½ TL getrockneter Oregano
    oder Majoran
50 g eingelegte oder gesalzene
    Kapern, abgegossen
60 ml natives Olivenöl extra, aus
    der Provence
2 EL Cognac
Meersalz, frisch gemahlener
    schwarzer Pfeffer

Für 4–6 Portionen; ca. 500 ml

Oliven, Anchovis, Thunfisch, Knoblauch, Oregano oder Majoran, Kapern, Salz und Pfeffer in einer Küchenmaschine oder in einem Mörser mit Stößel zu einer klumpigen Paste verarbeiten. Schubweise das Öl zugeben, bei Bedarf nachwürzen. Nach und nach die Hälfte des Cognacs dazugießen, nochmals pürieren.

Die Masse in eine Schüssel umfüllen und den übrigen Cognac darüber träufeln. Zu krossem Brot, gerösteten Weißbrotscheiben, Knoblauchbaguette, Crostini, Toaststreifen, knackigem Rohgemüse (Crudités) oder gebackenem Fisch servieren.

Tipp: Nehmen Sie niemals die entsteinten, unreifen, gefärbten schwarzen Oliven, wie sie manchmal aus den USA erhältlich sind. Richtige, am Baum gereifte schwarze Oliven sind ein absolutes Muss für dieses Rezept.

Taramasalata

Echte, hausgemachte *Taramasalata* ist eine Offenbarung. Welten trennen sie von der grellfarbenen, geschmacklosen Variante aus industrieller Herstellung. Für das Original brauchen Sie gesalzenen Dorschrogen – entweder die ungefärbte Presspaste, wie es sie in Feinkostläden gibt, oder geräucherten und gesalzenen Rogen (keineswegs authentisch, aber hervorragend). Wählen Sie ein fruchtiges griechisches Olivenöl, und es wird ein Gaumenschmaus. Heute bereitet niemand mehr Taramasalata mit Meeräscherogen zu: das ist absolut falsch, auch wenn er immer wieder mal genannt wird.

2 EL gepresster gesalzener
    Dorschrogen oder 110 g
    geräucherter Dorschrogen
50 g altes Brot, gewässert,
    abgesiebt und zerdrückt
frisch gepresster Saft
    von ½ Zitrone
1 große Knoblauchzehe,
    gepresst (bei Bedarf)
250 ml natives Olivenöl extra,
    vorzugsweise griechisches
4 EL fein gehackte rote Zwiebel,
    blanchiert

Für 6–8 Portionen; ca. 400 ml

Dorschrogen, Brot, Zitronensaft und Knoblauch in einer Küchenmaschine pürieren. Dabei das Öl nach und nach zugeben, bis sich eine blasse, dichte Emulsion bildet; dann nacheinander 3 bis 4 Esslöffel kochendes Wasser einfüllen, damit die Masse nicht so schwer wird. Zum Schluss die Zwiebeln unterheben. Dazu empfehle ich schwarze Oliven, rohen Fenchel, Staudensellerie und etwas warmes Pitabrot.

Tipp: Bei der Zubereitung mit Mörser und Stößel kein Brot zugeben.

Skordalia

Im Peliongebirge in Griechenland, wo ich zum ersten Mal dieses jahrhundertealte Gericht genoss, schmeckte es säuerlich frisch, knoblauchscharf und süßlich nach frischen Walnüssen. Ein bisschen Joghurt war auch dabei. Um das herrliche griechische Olivenöl zu betonen, nehme ich den größten Teil für die Sauce und träufle den Rest darüber. Passt hervorragend zu pochiertem Geflügel, Schweinefleisch oder Wild oder als Dip.

50 g altes Landbrot, gewürfelt
1 EL Weinessig
50 g Walnusshälften, grob
    gehackt
½–1 TL Salz
2–3 Knoblauchzehen, gepresst
125 ml dicker, einfacher
    Joghurt, möglichst
    griechischer
6 EL natives Olivenöl extra

Für 4 Portionen; ca. 300 ml

Brot in ein Sieb geben, mit heißem Wasser übergießen, dann in einem Sieb das Wasser herausdrücken. Die Masse in einer Küchenmaschine mit Walnüssen, Salz und Knoblauch zu einer grobkörnigen Paste vermengen. 4 Esslöffel Öl hineinträufeln und solange verarbeiten, bis sie cremig ist. Den Joghurt vorsichtig unterheben. Die Skordalia in eine Schüssel füllen, mit dem übrigen Olivenöl übergießen und kalt servieren.

Mit Spanien und Portugal verbindet man unwillkürlich mit Ölbäumen gesprenkelte Hügel und alte Mahlsteine aus Granit. Viele prächtige, altehrwürdige Olivenbäume gedeihen unmittelbar neben säuberlich angelegten Hainen wohlgepflegter junger Bäume – ein Beispiel für das Zusammenspiel von Tradition und Fortschritt.

Spanien und Portugal

Mensch und Olive – ein jahrtausendealtes Paar. In
Spanien stieß man bei Ausgrabungen auf einen Oliven-
kern, der nach der Radiokarbonmethode auf ca. 6000
v. Chr. datiert wurde. Ab dem 4. Jahrhundert v. Chr., als
die Karthager weite Teile der iberischen Halbinsel be-
herrschten, spielten Oliven, Olivenprodukte und Olivenöl eine bedeutende Rolle in der Geschichte Spaniens,
sowohl in Bezug auf seine kulturelle Stabilität, als auch
auf seine wirtschaftliche Vorreiterrolle in Europa.

Zwei Jahrhunderte später, als Rom die Stelle Karthagos
einnahm, wurde die hispanische Provinz (weite Teile des
heutigen Spaniens) dem Römischen Reich einverleibt.
Bereits im 1. Jahrhundert v. Chr. war dieses Gebiet der
wichtigste Lieferant von hochwertigem Olivenöl für das
gesamte Imperium. Damals wurde es noch in großen

eleganten Tonkrügen oder Amphoren transportiert, jede
deutlich mit dem Namen des Bauern, dem Erntedatum,
dem Namen des Händlers und der Olivensorte, aus der
das Öl gepresst worden war, versehen. Heute versuchen
Archäologen herauszufinden, auf welchen Wegen man
die hoch geschätzten spanischen Öle nach ganz Europa
und bis nach Kleinasien exportierte.

In frühen Aufzeichnungen von bedeutenden Guts-
höfen finden sich zuweilen Daten zum Pflanztag und zur
Wachstumsgeschichte eines jeden Baumes. Sogar die
Angaben zu den Bäumen, die das Öl lieferten, das

gegenüber **Eine typisch spanische Landschaft – Olivenhaine
und Felder unterhalb eines
schneeweißen Dorfes, über
dem *Iglesia* und *Castillo*. Olve-
ra, in der Region Andalusien.**

oben links **Ein Bauer bei der
Pflege seines Hains mit Hilfe
eines Raupentraktors in Sierra
de Chimenea, Andalusien.**

unten links **Ein Wildblumen-
teppich bedeckt einen Olivenhain auf Ibiza, Balearen.**

unten rechts **Haine in Jaen,
Andalusien.**

oben rechts **Denominacion de
origen – Öl aus Baena.**

rechts Ein hochwertiges Öl aus der Gegend um Cordoba, Spanien.

ganz rechts Carbonell – unverkennbar das Etikett mit einer spanischen Señorita – ist eines der bekanntesten spanischen Olivenöle der Welt.

unten Ein uralter Ölbaum unweit von Mora de Ebro, Tarragona, Spanien. Ölbäume können angeblich 1000 Jahre alt werden.

unten rechts Olivenhaine in der Nähe von Alentejo im Süden Portugals. In Portugal wird Olivenöl leidenschaftlich konsumiert, das Land kann seinen Bedarf jedoch nicht aus eigener Kraft decken und muss so große Mengen aus dem benachbarten Spanien einführen.

Christoph Kolumbus auf seine erste Überfahrt in die Neue Welt mitnahm, sind erhalten – diese Bäume tragen noch heute Früchte. Am 500. Jahrestag der Überfahrt wurden einige dieser Oliven gepresst und zu einem Geburtstags-Cru abgefüllt, zum Gedenken an die Ereignisse, die die Welt für immer veränderten. Im Jahr 1560 brachte man Olivenstecklinge nach Peru, und im

18. Jahrhundert führten die Franziskanermönche die Olive zuerst in Mexiko und später in Kalifornien ein.

Laut Luis Poblaciones, Ölbauer im spanischen Jaén, befindet sich auf dem Land seiner Mutter in Arroyo del Ojanco ein 200 Jahre alter Ölbaum, der jährlich 1 500 Kilogramm Oliven produziert. Die Spanier kennen und lieben ihre Bäume – manchmal geben sie ihnen sogar Namen. Es ist eine wirkliche, echte Leidenschaft, tief verwurzelt in der nationalen Psyche: Oliven sind nicht nur eine Quelle des Wohlstands, sie sind auch unerlässlich für Gesundheit und Wohlbefinden.

Heute gibt es in Spanien sechs ausgewiesene Ursprungsbezeichnungen (DO = denominacion de origen): Siurana und les Garrigues, beide in Katalonien, sowie Sierra Mágina, Priego de Cordoba, Baena und Sierra de Segura in Andalusien. Jedes Gebiet hat seine eigenen unverwechselbaren Charakteristiken, die stolz geschützt und bewahrt werden, und alle Gebiete produzieren die vollkommensten Olivenöle der Welt. Das ist nicht weiter überraschend: Die Fähigkeit Spaniens, den Wandel, wie zum Beispiel neue rationalisierte Anbaumethoden, zu akzeptieren und dennoch das Beste aus der Vergangenheit, ihren ureigensten Traditionen, zu respektieren und zu erhalten, ist eine besondere Gabe.

Von den Ölen aus Andalusien heißt es, sie seien reich an Geschmack und Intensität, mit einem »fruchtigen Schatten«, eindrucksvoll und kräftig. Die Öle aus dem nördlichen Katalonien dagegen sind meist milder, süßer, mit dem Duft getrockneter Früchte und Mandeln im Abgang. Das Mandelaroma könnte von den biologischen Mischpflanzungen aus Öl- und Mandelbäumen stammen – ein gesundes Prinzip aus alten Zeiten, das noch immer von Nutzen ist, da es Fruchtfliegen und andere Schädlinge im Zaum hält. Die *gran catadores*, die spanischen Meisterverschneider, die über ihre *trujales* (Reservoirs) an ungefilterten Ölen wachen, stehen in einem einmalig guten Ruf. Sie kennen nur ein Ziel: herausragende Qualität. Zugleich scheint sich Spaniens Olivenölbranche zügig weiterzuentwickeln.

In Spanien wird ein Mahl üblicherweise mit Oliven beendet; sie sind fester Bestandteil jeder Tapas-Auswahl, und Olivenöl hilft beim Start in den Tag. Als ich vor zehn Jahren das dortige Olivenöl untersuchte, stellte ich fest, dass viele ältere Spanier jeden Morgen einen Esslöffel kaltgepresstes Olivenöl als ein Gesundheitstonikum zu sich nehmen. Sie behaupten, es sei gut für Verdauung und Herz (womit ihnen die moderne Wissenschaft mittlerweile auch Recht gibt).

Spanische Olivenöle liefern einen besonders wertvollen Beitrag zu einem gesunden Lebensstil, da sie einige Merkmale aufweisen, die sie von Ölen anderer Länder unterscheiden: Alle spanischen Öle haben einen sehr hohen Ölsäuregehalt – zwischen 70 und 80 Prozent. Dank des hohen Vitamin-E-Gehalts und des hohen Anteils an Antioxidantien (liefert vor allem die spanische Hojiblanca-Olive) bedeutet dieses Öl für den Verbraucher einen erhöhten Schutz vor Zellschädigung durch freie Radikale. Kenner schätzen zudem die fruchtige Säure.

Portugals Olivenöl ist köstlich und überaus fruchtig, doch einige finden es gewöhnungsbedürftig. Diese Besonderheit liegt daran, dass die Portugiesen, anders als die Franzosen und Italiener, ihre Oliven vor der Pressung eine Woche lang lagern. Eine hübsch etikettierte Flasche, die ich unlängst in London erstand, erwies sich allerdings als mild-aromatisch, fruchtig, aber nicht zu erdig im Geschmack. Vielleicht ein Hinweis auf einen neuen Trend.

Da es vor einigen Jahrzehnten zur Verpanschung von Ölen kam, die für den menschlichen Verzehr bestimmt waren, steht die spanische Olivenölbranche unter strenger Qualitätskontrolle, sowohl von Seiten der Erzeuger als auch dank staatlicher Labortests. Dies gewährleistet ein durchgehend hochwertiges Produkt; zudem werden ökologische Aspekte mit viel Enthusiasmus umgesetzt.

Heute ist Spanien weltweit der größte Olivenölproduzent und das bedeutendste Exportland. Das benachbarte Portugal dagegen spielt hinsichtlich der Weltproduktion nur eine kleine Rolle, verbraucht jedoch reichlich des »guten Öls« in seiner Küche und importiert daher Olivenöl in ansehnlichen Mengen aus anderen Erzeugerländern wie Spanien.

Oliven und Olivenöl sind ein unverzichtbarer Bestandteil der iberischen Küche – Spanier wie Portugiesen haben eine heiße Leidenschaft für genussvolles Leben, wobei Essen an vorderster Stelle steht.

unten links Eine der herausragendsten portugiesischen Erzeuger, Victor Guedes und sein *Gallo*, die ansehnliche Marke mit dem Hahn.

unten Mitte Portugal verkauft sein Öl auch in Metallkanistern. Feine Öle sollten möglichst innerhalb eines Jahres verbraucht und vor Licht und Hitze geschützt werden. Metall ist daher ein idealer Aufbewahrungsbehälter.

unten Die portugiesische *Marca Nacional* auf einem Kanister des Vineves-Olivenöls.

Gemüse

Das Gemüse des Mittelmeerraums scheint wie geschaffen für das Zusammenspiel mit Olivenöl. Auberginen und Paprika, Tomaten und eine ganze Reihe anderer Gemüsearten – sie alle profitieren von einem kräftigen Schuss des heiligen Öls. Ob man rote Zwiebeln rösten, Kartoffeln frittieren oder Fritto misto zubereiten will, oder ob man es einfach über das fertige Gericht träufelt: Gemüse und Olivenöl verkörpern die gesunde und köstliche Ernährung schlechthin.

Frittieren zählt schon fast zu den Todsünden in der Küche: Gesundheitsfanatiker mahnen zur Vorsicht oder verbieten es gänzlich. Doch richtig zubereitetes Gemüse, mit Teig umhüllt, knusprig frittiert und dann mit Küchenkrepp abgetupft (größere Absorptionsfläche, weniger Dampf, mehr Knuspergenuss) eignet sich hervorragend dazu, Gemüsehasser eines Besseren zu belehren. Wenn die Temperatur stimmt, wird nur geringe Menge Öl aufgesogen. Olivenöl verliert zudem bei hohen Temperaturen nicht an Qualität: ein Pluspunkt, da viele andere Ölsorten beim Frittieren Schaden nehmen.

Fritto misto aus Gemüse

4 Zucchini, in Längsstreifen
    geschnitten
8 junge Spinatblätter
8 Petersilienzweige
8 Frühlingszwiebeln, quer
    halbiert
8 grüne Spargelstangen
8 Okras, die Enden etwas
    gekürzt
2 Zitronen, halbiert
Olivenöl zum Frittieren

Für den Ausbackteig:
250 g Mehl
3 EL Olivenöl
3 Eiweiß
¼ TL Salz

Zitronenviertel zum
    Servieren (wahlweise)

Für 4–6 Portionen

Das Gemüse waschen und mit Küchenkrepp abtrocknen. Bei den Okras nur den braunen Stiel etwas stutzen, so dass nichts vom Fruchtfleisch offen liegt. Eine Fritteuse oder eine dickwandige Kasserolle mit Frittierkorb vorbereiten und 10 cm hoch mit bratfertigem Öl auffüllen.

Für den Ausbackteig das Mehl in eine Schüssel sieben. In einer weiteren Schüssel 350 Milliliter warmes Wasser mit dem Olivenöl vermengen und die Mischung mit dem gesiebten Mehl zu einer cremigen Masse verquirlen. Den Teig etwa 20 Minuten ruhen lassen. Dann das Eiweiß und das Salz verquirlen und vorsichtig unter den Ausbackteig heben.

In der Zwischenzeit das Frittieröl auf 200 °C erhitzen, so dass ein 1 cm großer Brotwürfel innerhalb von 30 Sekunden darin braun gebraten wird.

Mit einer Zange oder einem Schaumlöffel jedes Gemüsestück in den Teig tunken und portionsweise knusprig goldbraun herausbacken. Aus dem Öl nehmen, auf mehreren Lagen Küchenkrepp abtropfen lassen und warm halten, bis alles Gemüse frittiert ist. Heiß mit Zitronenvierteln servieren.

Pommes frites
Kartoffelchips

Echte Pommes frites in gutem Öl gegart – nicht einmal, sondern zweimal – schmecken herrlich. Olivenöl ist das ideale Fett, um Pommes frites noch besser zu machen. Dies ist allerdings kein Rezept, auf das Sie ein edles Öl aus Erzeugerabfüllung verschwenden sollten. Aber wie viele Küchenchefs, so schwöre auch ich zum Frittieren auf natives Olivenöl extra handelsüblicher Kategorie – dazu zählen auch einige im Supermarkt erhältliche Sorten. Diese Öle werden aus verschiedenen nativen und extra nativen Olivenölen unterschiedlicher Güteklassen und Herkunft verschnitten, um einen einheitlichen, aber guten Geschmack, ein gewisses Niveau und einen bestimmten Preis zu erzielen. Eine Alternative hierzu ist »Olivenöl« oder »Reines Olivenöl« – ein geschmacksneutraler Verschnitt aus raffiniertem und nativem Olivenöl.

1 kg mehlige Kartoffeln, gewaschen, geschält und abgetrocknet
1,25 l natives Olivenöl zum Frittieren
Meersalzflocken

Für 4 Portionen

Die Kartoffeln längs in etwa 1,5 cm breite Streifen schneiden, diese dann noch einmal der Länge nach durchschneiden, so dass gleichseitige Pommes von etwa 1,5 cm Dicke entstehen. Die Pommes bis zum Frittieren in eine große Schüssel mit Eiswasser legen.

In der Zwischenzeit das Olivenöl in einer Fritteuse oder einer schweren Kasserolle mit passendem Frittiereinsatz auf 160 °C erhitzen. Die Pommes abgießen und trockentupfen.

Die Pommes portionsweise zartgolden frittieren (ca. 5 Minuten). Jede Portion abtropfen lassen und auf Küchenkrepp legen, während die nächste Portion frittiert wird.

Sind alle Pommes zartgolden gebraten, die Hitze auf 190 °C erhöhen und die Pommes ein zweites Mal portionsweise ca. 2 Minuten frittieren. Dabei den Frittierkorb hin und wieder schütteln, bis die Pommes rundum goldbraun und knusprig sind. Jeweils abtropfen lassen und auf Küchenkrepp geben (sie sollten beim Herausschütten rascheln). Mit Salz bestreut sofort servieren.

Tipp: Lassen Sie ein Kochgerät mit heißem Öl nie unbeaufsichtigt in der Nähe von Kindern.

Kartoffel-Knoblauch-Püree
mit frittierter Petersilie

Kartoffelpüree, aromatisiert mit mildem Knoblauch, Frischkäse und gutem Olivenöl ist ein herrliches Gericht. Dunkelgrüne, frittierte Petersilie als Kontrast dazu – und es wird zum Gaumenschmaus. Eine klassische Beilage zu Fisch, doch es schmeckt auch köstlich zu vielen Fleischgerichten ebenso wie zu Geflügel und Wild. Vorsicht beim Frittieren der Petersilie: Es kann ein wenig spritzen, also nehmen Sie eine Zange, und halten Sie Kinder auf Abstand von der Fritteuse. Besonders gut eignen sich mehlige Kartoffeln für das Püree – aber auch fest kochende lassen sich gut verarbeiten. Kleine neue Kartoffeln sind dagegen nicht ideal, da sie nicht flockig genug werden.

1,25 kg Kochkartoffeln
2 ganze Knoblauchknollen,
    ringsum mit der Gabel
    eingestochen
Meersalz
4 EL Frischkäse, ca. 50 g
4 EL natives Olivenöl extra
frisch gemahlener
    schwarzer Pfeffer
2 große Hand voll krause
    Petersilie, gewaschen
natives Olivenöl zum
    Frittieren

Für 4–6 Portionen

Die Kartoffeln waschen und schälen. Nur große Kartoffeln längs halbieren oder vierteln. Die Kartoffeln mit dem Knoblauch und 2 Teelöffeln Meersalz in einen Topf geben, mit kochendem Wasser übergießen, aufkochen und 18 bis 25 Minuten garen, bis sie weich sind.

Die Kartoffeln abgießen und in der noch heißen, trockenen Kasserolle lassen. Die Knoblauchknollen köpfen, das weich gekochte Fruchtfleisch herausdrücken und zu den Kartoffeln geben. Kartoffeln, Knoblauch, Frischkäse und natives Olivenöl extra mit einem Kartoffelstampfer pürieren oder durch eine Kartoffelpresse drücken. Die Kartoffelmasse mit einem Holzlöffel cremig schlagen, salzen und pfeffern und zugedeckt im Backofen warm halten.

Eine schwere Kasserolle etwa 5 cm hoch mit Olivenöl füllen, dieses auf 190 °C erhitzen, so dass 1 Brotwürfel innerhalb von 40 bis 50 Sekunden darin goldbraun gebraten wird. Einige Zweige der leicht feuchten Petersilie mit einer Zange in das heiße Öl geben und knusprig frittieren. Die Petersilie herausnehmen und auf Küchenkrepp abtropfen lassen. Den Vorgang wiederholen, bis die gesamte Petersilie kross frittiert ist. Das heiße Kartoffelpüree in eine Schüssel geben, mit der frittierten Petersilie garnieren und sofort servieren.

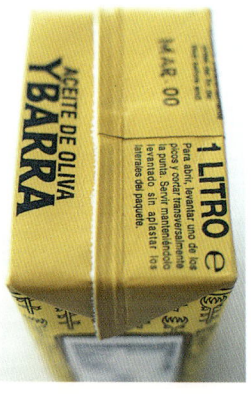

Dieses köstliche Gericht kommt in verschiedenen Formen im ganzen Mittelmeerraum vor. In Italien wird es zuweilen auf Pizza gereicht, in Spanien, vor allem in Katalonien, wird es dagegen als Hauptspeise serviert.

Katalanischer Spinat

mit Knoblauch, Pinienkernen und Rosinen

2 EL natives Olivenöl extra,
    vorzugsweise spanisches
3 EL Pinienkerne
2 Knoblauchzehen, gepresst
6 Anchovisfilets aus dem Glas,
    fein geschnitten
500 g gewaschener Spinat,
    noch nass
3 EL Rosinen
frisch gemahlener schwarzer
    Pfeffer

Für 3–4 Portionen

Das Öl in einer Pfanne mit Antihaftbeschichtung erhitzen; die Pinienkerne unter Rühren etwa 1 Minute darin goldbraun braten. Dann rasch mit einem Schaumlöffel herausheben.

Knoblauch und Anchovis in der Pfanne vermengen und bei mittlerer Hitze anbraten, bis sie stark duften, erst dann den nassen Spinat und die Rosinen zugeben. Die Zutaten vorsichtig mit Holzbesteck wenden, bis sie sich gut vermischt haben. Die Pfanne abdecken und das Gemüse 2 bis 3 Minuten bei mittlerer Hitze garen, dabei einmal umrühren. Den Deckel von der Pfanne nehmen, die Pinienkerne über den Spinat streuen und beides gut vermischen, bis die Nüsse glänzen. Heiß oder lauwarm servieren.

Dazu empfehle ich mit Olivenöl beträufeltes Knoblauchbaguette oder warme, krosse Brötchen mit hauchdünnen Käsescheiben. Auch als Pizzabelag wunderbar geeignet.

Info: Links ist Olivenöl in Tetrapacks zu sehen, wie es in spanischen Supermärkten verkauft wird. Eine einfache, brillante Idee, die sich Erzeuger aus anderen Ländern durchaus zum Vorbild nehmen könnten.

Möhrenconfit

Diese elegante, eigenwillige Beilage lernte ich vor 20 Jahren bei einem Freund in Paris kennen. Das Confit eignet sich bestens zur kurzzeitigen Konservierung und passt vorzüglich zu eingelegtem Hering, Räucherlachs, deftigen Fleischgerichten, Ente oder Gans sowie Wurstwaren. In Gläsern mit Schraubverschluss lässt es sich im Kühlschrank mehrere Tage aufbewahren.

500 g Möhren, geschält
4 EL Feinzucker
2 TL Korianderkörner,
   zermahlen
½ TL Salz
1 kleine Zwiebel, in feine
   Ringe geschnitten
4 EL frischer Orangen- oder
   Zitronensaft
4 EL natives Olivenöl extra
glatte Petersilie, Kerbel
   oder Schnittlauch zum
   Garnieren (wahlweise)

Für 4–8 Portionen;
ca. 750 ml

Die Möhren in Scheiben schneiden und in einer Kasserolle knapp mit kochendem Wasser bedecken. Zucker, Koriander, Salz und Zwiebel zugeben, aufkochen und durchrühren. Die Hitze zurücknehmen, den Topf halb abdecken und das Gemüse 6 bis 8 Minuten unter gelegentlichem Umrühren kochen, bis die Möhren leuchtend orangefarben und zart sind und die Flüssigkeit etwas reduziert ist.

Fruchtsaft und Olivenöl dazugeben, mit Salz abschmecken und den Herd abschalten. Die Möhren vorsichtig in der Flüssigkeit schwenken, ohne sie zu zerdrücken. Das Confit heiß, warm oder kalt servieren und ganz nach Geschmack mit Kräutern bestreuen. Oder das Confit in sterilisierte Gläser mit Deckel abfüllen, im Kühlschrank aufbewahren und innerhalb von 3 Tagen verbrauchen.

Frittierte grüne Tomaten

In Europa und Indien wird aus grünen Tomaten Chutney zubereitet. In Amerika werden sie für den hier vorgestellten Klassiker verwendet – ein köstliches, altmodisches Rezept, das etwas leichter wird, wenn Olivenöl den traditionellen Speck ersetzt. Frittierte grüne Tomaten eignen sich sowohl als Beilage, außen knusprig, innen warm und saftig, als auch als Hauptgericht. Mir schmecken sie besonders zu krossem Brot oder Knoblauchbaguette.

4 große grüne Tomaten, ca. 500 g
150 g feines oder mittelstarkes Maismehl (Polenta)
8 EL Olivenöl zum Braten
Meersalzflocken
frisch gemahlener schwarzer Pfeffer
Petersilie, fein gehackt, zum Garnieren (wahlweise)

Für 4 Portionen

Die Tomaten quer in Scheiben schneiden und kräftig im Maismehl wenden. Die Hälfte des Öls in einer Bratpfanne erhitzen. Die ersten 8 Tomatenscheiben darin ca. 1 Minute bei mittlerer Hitze braten. Die Tomaten wenden und 1 weitere Minute garen, bis sie knusprig, heiß und goldbraun sind. Die Tomaten auf einen mit mehreren Lagen Küchenkrepp ausgelegten Teller legen und warm stellen.

Die Pfanne spülen und abtrocknen. Die übrigen Tomatenscheiben im Maismehl wenden. Die trockene Pfanne erhitzen, das restliche Olivenöl zugeben und die Tomatenscheiben wie oben beschrieben herausbacken. Mit Salz, Pfeffer und fein gehackter Petersilie bestreuen und heiß servieren.

Tipp: Statt grüner Tomaten können auch feste, vorzugsweise unreife, rote oder gelbe Tomaten verwendet werden.

Ein klassisches spanisches Gericht, in dem sich die Fülle des Landes und die Vielfalt der sommerlichen Gaben widerspiegeln, sogar bis in den Spätherbst hinein. Ganz nach Belieben eignet es sich sowohl als warmer als auch als kalter Salat, schmeckt einfach großartig und ist herrlich anzusehen, vor allem zu etwas Landbrot und einem kräftigen spanischen Wein wie Rioja oder Rosado.

Spanischer Grill-Gemüse-Salat

2 rote Paprikaschoten
2 gelbe Paprikaschoten
½ Butternut-Squash-Kürbis
   oder 500 g Kürbis,
   ungeschält
2 rote Zwiebeln mit Schale
2 spanische Zwiebeln mit
   Schale
4 mittelgroße Strauch-
   tomaten
125 ml natives Olivenöl
   extra, vorzugsweise
   spanisches
Meersalz
frisch gemahlener
   schwarzer Pfeffer

Für 4–6 Portionen

Die Paprikaschoten längs halbieren, dabei den Stiel durchtrennen. Die Hälften so lassen und nur die Kerne und die weiße Haut entfernen. Den Kürbis in 2,5 cm große Scheiben oder Stücke schneiden. Die nicht abgezogenen Zwiebeln längs halbieren, ohne den Wurzelansatz und die Spitze zu entfernen. Die Schale verleiht dem Gericht mehr Farbe und Geschmack und hält die Zwiebel in Form.

Alle Gemüsezutaten mit dem Anschnitt nach oben in eine große, leicht eingeölte rechteckige Bratpfanne geben, mit der Hälfte des Olivenöls beträufeln und mit Salz und Pfeffer würzen.

Im oberen Bereich des vorgeheizten Backofens bei 240 °C (Gas Stufe 5–6) etwa 30 Minuten braten, bis das Gemüse verführerisch duftet, angebräunt, runzlig und weich ist.

Das übrige Olivenöl über das Gemüse gießen und das Gericht heiß, warm oder kalt servieren. Der Salat sollte mit den Fingern gegessen werden, wobei Schalen, Wurzeln und Stile zum Anfassen dienen, aber natürlich nicht mitgegessen werden.

Tipp: Etwas Brot in den süßen, öligen, zähen Bratensaft aus der heißen Pfanne eintunken – umwerfend.

Ölbäume gibt es eigentlich überall in Griechenland – auf Marktplätzen, rund um Klöster, als Alleebäume in der Stadt. In geometrischen Mustern überziehen sie atemberaubend schöne Täler und Bergflanken. Sie stehen in nahezu jedem Garten hinter dem Haus, meist in Gesellschaft mit einem Feigenbaum, einem Weinstock oder einem duftenden Jasmin.

Griechenland

gegenüber und oben Frauen beim Sammeln herabgefallener Oliven in einem Hain auf Lesbos, einer der Inseln in der nördlichen Ägäis.

oben Mitte Reihen von Olivenbäumen in Arkadien auf dem Peloponnes. In einigen Teilen Griechenlands werden die Stämme häufig weiß gestrichen, um sie vor Insektenplagen zu schützen.

unten Ein Häuschen inmitten von Olivenbäumen an einem Hügel auf Lesbos.

unten rechts Minerva ist eines der bekanntesten griechischen Öle außerhalb Griechenlands und wird üblicherweise in Dosen gehandelt, um es vor Licht und Luft zu schützen. Vergleichen Sie es mit dem Öl aus dem Kloster St. Chrysopigi auf Seite 15, das in Flaschen abgefüllt und aus biologischem Anbau ist.

Olivenbäume sind tief in der hellenischen Kultur verwurzelt: Denn als Gabe der Göttin Athene ist das Olivenöl unwiderruflich mit einem jeden Griechen, vom Bauern bis zum Politiker, verknüpft. Nirgendwo sonst ist das Erbe des Olivenöls enger mit der Mythologie und dem täglichen Leben verbunden. Die Menschen verbrauchen pro Kopf mehr Olivenöl als jede andere Nation – mehr als die Spanier, mehr sogar als die Italiener.

»Gib meinen Wurzeln reichlich Wasser, und ich werde dir Krüge voller Öl geben« sagt der Ölbaum in einem alten griechischen Sprichwort, und die höheren Erträge bei entsprechender Bewässerung liefern hierfür den Beweis. Der Anbau des Ölbaums im großen Stil begann hier bereits vor 4000 Jahren. Im Griechenland der Antike gab es Gesetze zum Schutz der Bäume: Der Handel mit Ölbaumholz war verboten und das Abholzen nur in Ausnahmefällen erlaubt. Homers Diktum »Olivenöl ist flüssiges Gold« ist besonders aufschlussreich, da es zu einer Zeit entstand, als der übrige Mittelmeerraum wirtschaftlich daniederlag.

Griechenland ist der drittgrößte Olivenölproduzent der Welt. Was die Erzeugung erstklassigen extra nativen Olivenöls anbelangt, sind die 143 Millionen Olivenbäume Griechenlands sogar Spitzenreiter – sie liefern etwa 20 Prozent der gesamten Weltproduktion. Tatsächlich wird reichlich von dem wundervollen griechischen Öl in andere EU-Staaten exportiert, die selbst nicht genug Öl herstellen können oder Unmengen an raffinierten

Olivenölen haben, die einer Aufwertung durch den Verschnitt mit hochwertigem Öl bedürfen. Das Ergebnis wird dann unter dem schlichten Etikett »Olivenöl« verkauft. So importiert beispielsweise Italien Öl aus Griechenland, obwohl es selbst mit das beste kaltgepresste Öl der Welt herstellt. Da Öl aus Griechenland überwiegend als »Nicht-Griechisches Erzeugnis« auf den Markt kommt, haben die meisten es wohl schon gekostet, ohne es zu wissen. Die Etikettierungsvorschriften werden jedoch strenger, und so sollte es heute ersichtlich sein, wo die Oliven angebaut, geerntet und gepresst wurden.

In Griechenland werden die Oliven in der Regel mit der Hand gepflückt oder mit Stöcken, Rechen oder Kämmen in unter den Bäumen ausgebreitete oder aufgehängte Tücher abgeklopft . Manchmal werden die Bäume auch mit Maschinen abgeerntet, doch ist dies kostenaufwendig und nur in den neu angelegten Hainen mit exakten Baumabständen und eingeebnetem Gelände möglich.

In Gebieten wie des südlichen Peloponnes blieb die Produktion des Öls seit Jahrhunderten beinahe unverändert, sogar die alten Steinpressen sind noch in Betrieb. Das Öl ist weich, fruchtig und von elegant pfefferwürzigem »Biss«. In der Gegend um Mani fördert Öko-Tourismus das Bewusstsein dafür. Touristen, die beim Lesen der Früchte helfen und Kameraderie und Mühen der Ernte teilen, wird häufig freie Logis angeboten.

Olivenöl war stets die wichtigste Fettquelle in Griechenland, Butter dagegen galt zumindest in der Antike als barbarisch. Viele schmackhafte Gerichte werden mit Olivenöl angemacht. Häufig kommt nur noch ein Schuss frischer Zitronensaft, eine Prise Rigani (Oregano), etwas Salz und Pfeffer dazu. Sonst nichts. Salate erhalten erst mit Olivenöl ihren Glanz, Suppen und sogar Kuchen und Teigwaren triefen köstlich davon.

Vielleicht war es ein marokkanischer Berber, der als erster einen wilden Oleaster zu einem »Öltragenden« Olivenbaum umzuwandeln vermochte. In der Antike bauten griechische Kolonisten Ölbäume am nordöstlichen Ende der Sahara an. Später integrierten die Römer die Olivenhaine entlang der gesamten nordafrikanischen Küste.

Nordafrika und der Nahe Osten

gegenüber Landarbeiter in einem Olivenhain außerhalb von Marrakesch, Marokko.

links oben Eine moderne Olivenpresse in Jenin, Jordanien.

oben Mitte Frauen in einer Olivenfabrik in Marrakesch.

oben Olivenhaine unweit von Moulay Idriss im Mittleren Atlasgebirge von Marokko.

unten links Libanesisches Olivenöl ist goldfarben und hat eine buttrige Note. Marokkanisches Öl dagegen ist grüngolden und viel intensiver im Geschmack.

Die Küche dieser Länder ist ohne Olivenöl nicht denkbar. Eine Schale Harira-Suppe, mit Öl und Kräutern garniert, ist ein umwerfendes Gericht. Salate, Gemüsepürees und auch Grillspeisen werden unweigerlich von fruchtigem Olivenöl und häufig Oliven selbst begleitet.

Beinahe das gesamte in Nordafrika und dem Nahen Osten produzierte Olivenöl wird dort vor Ort auch verzehrt. Der Libanon, Syrien, die Türkei und Israel zählen ebenso zu den bedeutenden Erzeugerländern, die auf eine uralte Tradition des Ölbaumanbaus zurückblicken. Während Marokko vor allem Oliven, weniger Olivenöl exportiert, ist Tunesien der wichtigste Olivenölproduzent außerhalb der EU. Tunesier wie Marokkaner bevorzugen ihr Öl mit einem Säureanteil von bis zu 5 Prozent: Das ist sehr hoch und für viele westeuropäische Gaumen gewöhnungsbedürftig.

Algerisches und libysches Olivenöl auf internationalen Märkten zu erhalten, ist nahezu unmöglich: Nur selten exportieren diese Länder ihr Öl, sie müssen vielmehr Olivenöl einführen, um ihren hohen Eigenbedarf decken zu können.

Israel ist führend, was Forschung und Technologie der Anbaumethoden anbelangt, stellt aber wenig Olivenöl her, und die geringe Eigenproduktion wird überwiegend im Land selbst konsumiert.

Den Angaben des Internationalen Olive Oil Council zufolge gehören Syrien und die Türkei ebenfalls zu den bedeutenden Erzeugerländern außerhalb der EU. In vielen Gebieten bedecken die meist uralten Ölbäume ganze Landstriche. Sie sind fester Bestandteil der Kultur und werden liebevoll von ihren Besitzern gepflegt. Vielerorts hält man noch an den alten Pressverfahren fest; neuere Methoden dagegen halten nur langsam Einzug.

Ein geringer Anteil des im Libanon erzeugten Öls wird nach Großbritannien und in die Vereinigten Staaten exportiert, wo vereinzelt libanesische Minderheiten leben, die nicht auf Oliven und gutes Olivenöl in ihrer herrlichen Küche verzichten wollen.

Pasta Pizza Reis und Bohnen

Seit undenklichen Zeiten bereichert Olivenöl die kohlen-hydratreichen Nahrungsmittel des Mittelmeerraums – es verbessert die Schmack-haftigkeit und führt zu einer unglaublichen Tiefe der Aromen. Das Ergebnis sind eine Fülle von herzhaften

Nudelgerichten, Risotti, knusprig gebackenen Gnocchi, Pizzen und Brotsorten, außerdem interessante Variationen für Erbsen, Bohnen und Linsen – frische wie getrocknete – alle verfeinert mit Gewürzen, Kräutern und grüngoldenem Öl.

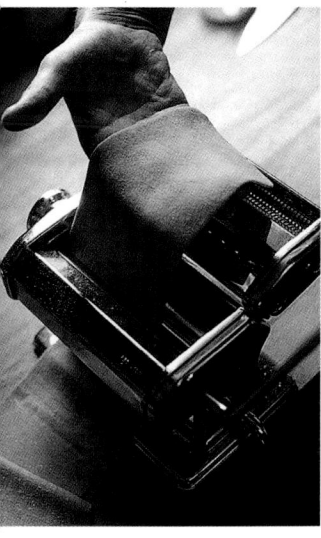

Selbst gemachte Pasta ist nicht so schwierig zuzu-bereiten; Pappardelle sind besonders einfach, da sie mit einem Messer geschnitten werden. Dazu sollte man unbedingt frische Eier mit goldgelbem Dotter verwenden. Olivenöl ist die ideale Basis für Saucen und lässt sich herrlich mit edlen Zutaten wie Hummer, Garnelen oder Krabben verbinden. So wird Pasta zu einem besonderem Gericht.

Pappardelle mit Meeresfrüchten

500 g *tipo 00* Mehl (aus
   italienischen Feinkostgeschäften)*
5 mittelgroße Freilandeier
2 TL Meersalzflocken
Mehl zum Formen
180 ml natives Olivenöl
   extra
450 g Hummerfleisch von
   1 kg Hummer, Garnelen
   oder Krabbenfleisch
1 Bund frischer Dill, fein
   gewogen, ca. 40 g
1 Bund frischer Schnitt-
   lauch, in feine Röllchen
   geschnitten, ca. 40 g
abgeriebene Schale und
   Saft von 1 Zitrone
Meersalz, frischer
   schwarzer Pfeffer

Für 4 Portionen

* *Für selbst gemachte*
   Pasta empfiehlt sich
   dieses feine italienische
   Mehl; man sollte nur im
   Notfall auf normales
   Mehl ausweichen.

Mehl, Eier und Meersalzflocken in einer Küchenmaschine zu einer krümeligen Masse und dann zu einem groben Klumpen verarbeiten.

Den Pastateig kurz mit den Händen durcharbeiten und in Frisch-haltefolie gewickelt 1 Stunde im Kühlschrank kalt stellen. Den Teig vierteln, 3 Teile bedeckt lassen. Das erste Stück Teig bei der dicksten Einstellung 3- bis 4-mal durch die Nudelmaschine rollen, dabei die beiden Enden jedes Mal zu einer lockeren Teighülle auf die Mitte falten und umdrehen. Den Teig leicht bemehlen.

Den Teig durch alle Einstellungen der Nudelmaschine drehen, mit der stärksten Einstellung beginnend, insgesamt 6-mal, bis ein ca. 1 m langer Pastastreifen entstanden ist (den Teig am besten halbieren, dann lässt er sich leichter verarbeiten). Den fertigen Pastastreifen über einer Stuhllehne oder Stange trocknen lassen. Mit dem übrigen Teig ebenso verfahren. Jeden Streifen aufrollen und in 2,5 cm breite Schleifen schneiden (Pappardelle). Die Schleifen entrollen, in Grießmehl wenden und halbieren, so dass 50 cm lange Streifen entstehen. Wasser mit 1 Prise Salz zum Kochen bringen.

In der Zwischenzeit für die Sauce das Öl erhitzen. Das Hummer-, Garnelen- oder Krabbenfleisch zugeben, sowie Dill, Schnittlauch und 1 Esslöffel Zitronensaft, Salz und Pfeffer. Die Zutaten kurz erhitzen, bis sich die Aromen gut vermischt haben. Warm halten.

Die frische Pasta 1½ Minuten kochen lassen und durch ein Sieb abgießen. Die Pasta mit zwei Holzlöffeln unter die Sauce heben, die Zitronenschale zugeben und in Pastatellern servieren.

Sizilianisches Olivenöl mit herzhaftem Gemüse aus dem Mittelmeerraum! Die kleinen Tomatenhälften werden im Backofen gegrillt, und die Auberginen-würfel gesalzen und nur kurz angebraten, um das Aroma zu intensivieren. Reichlich Basilikum bildet den krönenden Abschluss. Für dieses Rezept eig-nen sich alle Arten von fertiger, robuster Pasta: Spaghetti, Penne, Rigatoni und Makkaroni schme-cken ganz vorzüglich dazu. Die Sauce ist trocken, bissig und knapp bemessen. So muss es sein!

Spaghetti sizilianische Art

400 g trockene Pasta, z.B.
  Spaghettini oder Penne
1 Aubergine, ca. 350 g,
  in 1 cm große Würfel
  geschnitten
500 g kleine Eiertomaten,
  halbiert und entkernt
125 ml natives Olivenöl
  extra
125 ml passierte Tomaten
2 Knoblauchzehen, fein
  geschnitten
Meersalz, frisch gemahle-
  ner schwarzer Pfeffer
1 großes Bund Basilikum
  zum Garnieren

Für 4 Portionen

Salzwasser zum Kochen bringen, damit die Pasta zu-gegeben werden kann, sobald das Gemüse halb gar ist.

Die Auberginenwürfel in eine nicht-metallische Schüssel geben, mit 1 Teelöffel Salz bestreuen und beiseite stellen.

Die Tomaten mit der Schnittseite nach oben auf ein Back-blech legen, mit dem übrigen Salz würzen, mit 2 Esslöffeln Olivenöl beträufeln und im vorgeheizten Backofen bei 230 °C (Gas Stufe 5) in ca. 10 Minuten weich braten.

Die Pasta entsprechend der Hinweise auf der Packung »al dente« kochen (8 bis 12 Minuten, je nach Sorte).

Die Auberginenwürfel mit Küchenkrepp trockentupfen. In einer beschichteten Pfanne 4 Esslöffel Olivenöl erhitzen, die Auberginen zugeben und unter stetem Wenden bei großer Hitze etwa 8 Minuten braten, so dass sie außen knusprig und innen weich sind. Die gegrillten Tomatenhälften, die Passata sowie Knoblauch und schwarzen Pfeffer zu den Auberginen geben. Alles 2 bis 3 Minuten garen, dabei häufig umrühren. Den Großteil der Basilikumblätter in kleine Stücke reißen und unter die Sauce heben.

Die abgeseihten Nudeln in einer vorgewärmten Schüssel mit dem restlichen Olivenöl vermischen. Die Sauce darüber geben, mit frischem Basilikum garniert servieren.

Penne rigate gehören zu den vielseitigsten trockenen Pastasorten. Dank ihrer gerillten *(rigate)* Oberfläche und der kurzen, scharfkantigen Form können diese Nudeln große Mengen Sauce aufnehmen. Die Öle der Toskana mit ihrem unverwechselbaren, pfefferwürzigen Aroma harmonieren perfekt zu Pasta, und manchmal reicht das schon als Sauce aus. Schlichtheit hat auch ihren Charme.

Penne rigate mit Safran
und grob gemahlenem Pfeffer

Meersalzflocken
500 g Penne rigate
1 große Prise Safranfäden
   oder ¼ TL Safranpulver
2 TL Grappa oder ein
   anderer Brannt
125 ml natives Olivenöl
   extra, vorzugsweise aus
   der Toskana
2 Knoblauchzehen, in feine
   Scheiben geschnitten
1 Stange Lauch, nur das
   Weiße, in dünne Ringe
   geschnitten
250 g fettarmer Weichkäse
   oder Frischkäse
125 ml Weißwein
50 g frisch geriebener
   Parmesan
grob gemahlener
   schwarzer Pfeffer
4–6 junge Radicchio- oder
   Treviso-Salatblätter zum
   Garnieren

Für 4 Portionen

In einer großen Kasserolle Salzwasser zum Kochen bringen und die Pasta in einem Schwung zugeben, umrühren und ohne Deckel leicht sprudelnd ca. 9 Minuten kochen, bis die Nudeln »al dente« sind.

In der Zwischenzeit den Safran und 1 Teelöffel Meersalzflocken in einem Mörser zu Pulver zerstoßen. Den Grappa zugeben und die Gewürze darin auflösen.

In einer schweren Bratpfanne 3 Esslöffel Olivenöl erhitzen, Knoblauch und Lauch darin 2 bis 3 Minuten anbraten. Gewürzmischung, Käse und Wein zugeben und alles zu einer cremigen Sauce vermengen. Unter stetem Rühren die Sauce bei geringer Hitze kochen lassen, bis der Wein seine Schärfe verliert und die Aromen sich harmonisch verbunden haben (ca. 3 Minuten).

Die abgeseihten Nudeln in die Sauce geben und gut umrühren. Die Pasta mit der Sauce in tiefe Teller oder Nudelschalen füllen, mit Parmesan, grob gemahlenem schwarzen Pfeffer und Salatblättern garnieren und mit dem restlichen Öl beträufeln.

250 g Weizenmehl
2 Eier, 1 davon getrennt
4 EL natives Olivenöl extra
½ TL Salz
1,25 l heiße Hühnerbrühe zum
   Pochieren

Für die Füllung:
2 EL natives Olivenöl extra
8 EL frische Petersilie, fein
   gehackt, ca. 25 g
4 EL frischer Schnittlauch, in
   Röllchen geschnitten, ca. 10 g
4 Frühlingszwiebeln, fein
   gewürfelt
100 g weicher Ziegenkäse
8 EL frisch geriebener Gruyère

Zum Anrichten:
natives Olivenöl extra, erwärmt
frisch gemahlener Gruyère
   (nach Belieben)

eine Keksform von 7,5 cm
Durchmesser

Für 4 Portionen als Haupt-
speise bzw. 8 Portionen als
Vorspeise

Eigentlich sind Ravioli gar nicht italienisch, sondern französisch. Sie stammen ursprünglich aus der Dauphiné, einer Region zwischen Savoyen und der Provence in Frankreich. Die Gegend ist berühmt für ihre Milchprodukte, darum sollte eine extra Portion Käse darüber gestreut keinesfalls fehlen. Der Teig enthält Olivenöl; erwärmtes Öl wird kurz vor dem Servieren über die Nudeln gegossen. Je nach Anzahl der Ravioli kann man das Gericht als Vor- oder Hauptspeise genießen.

Französische Ravioli
mit Kräuter-Käse-Füllung

Für den Teig Mehl, Ei, Eiweiß und Öl in eine Küchenmaschine geben und 1 Minute lang vermengen. 1 ½ Esslöffel Wasser hinzufügen und alles zu einer steifen Teigkugel verarbeiten. Den Teig in Frischhaltefolie wickeln und kalt stellen.

Das Öl in einer Bratpfanne erhitzen und Petersilie, Schnittlauch und Frühlingszwiebeln darin 2 Minuten anbraten. Das Eigelb unterheben und stocken lassen. Ziegenkäse und Gruyère unterrühren, dann abkühlen lassen.

Auf einer bemehlten Arbeitsfläche den Pastateig mit einem Nudelholz etwa 3 mm dick ausrollen und mit einer Keksform etwa 48 Kreise ausstechen. Die Kreise abdecken. In die Mitte jedes Kreises je 1 Teelöffel Füllung geben. Die Teigränder mit Wasser bestreichen, einen zweiten Teigkreis darüber legen und mit einer Gabel am Rand zudrücken. Alle Ravioli fertig stellen. Insgesamt ergibt die Menge 24 Ravioli.

Die Hühnerbrühe aufkochen, jeweils 8 Ravioli hineingeben und 4 bis 5 Minuten pochieren, bis sie zart und halb durchsichtig sind und an der Oberfläche schwimmen. Mit einem Schaumlöffel herausheben, in eine Schüssel füllen und warm halten, bis alle gegart sind. Die Ravioli auf 4 große oder 8 kleine Teller verteilen und mit etwas erwärmtem Olivenöl beträufeln. Zum Garnieren nach Geschmack mit etwas Gruyère bestreuen.

Tipp: Mit einer Maschine ausgerollt, wird der Pastateig dünner und die Menge reicht für 36 Ravioli. Um pro Person 6 Ravioli als Vor- bzw. 12 als Hauptspeise zu erhalten, müssen Sie für die Füllung die 1 ½ -fache Menge vorbereiten.

Persönlich ziehe ich Gnocchi auf Grießmehlbasis der Kartoffelmehlvariante vor. Der Teig ist steifer und lässt sich gut verarbeiten. Die Gnocchi können im Backofen oder in der Mikrowelle mit zweierlei Sorten Käse knusprig gebacken werden. Der Teig wird mit Olivenöl zubereitet; etwas Öl wird auch kurz vor dem Servieren darüber geträufelt. Sie machen richtig süchtig. Dazu braucht man nur noch einen knackigen Salat und ein Glas Rotwein.

Überbackene Grießmehl-Gnocchi

250 Milliliter warmes Wasser in eine backofenfeste Schale geben. Öl, ½ TL Salz und Grießmehl in dieser Reihenfolge zugeben und verquirlen, bis die Zutaten gut miteinander vermengt sind. Das Öl hilft, die Klumpenbildung zu vermeiden, wenn die Zutaten rasch verarbeitet werden.

Den Teig in der Mikrowelle (Einstellung hoch) unabgedeckt ca. 3 Minuten garen, dabei 1-mal umrühren. Oder den Teig in eine beschichtete Bratpfanne geben und unter stetem Rühren bei mittlerer Hitze eindicken lassen, bis eine Art Panade oder Paste entsteht (insgesamt ca. 3 Minuten).

Jeweils die Hälfte des Parmesans und Gruyères sowie Petersilie, Muskatnuss und etwas Chili unter die Masse heben. Den Teig auf eine mit Grießmehl bestäubte Arbeitsfläche geben, zu einem Quadrat von etwa 20 × 20 cm flach drücken und glätten. Mit einer Keksform 16 Kreise ausstechen.

Die Teigkreise auf dem geölten Backblech leicht überlappend in einer Spirale oder Reihe anrichten, mit dem übrigen Käse bestreuen und die Hälfte des Olivenöls darüber geben. Die Gnocchi in der Mikrowelle ohne Abdeckung etwa 2 Minuten garen oder im Backofen bei 200 °C (Gas Stufe 3–4) 30 bis 35 Minuten backen. Mit Olivenöl beträufeln.

2 EL natives Olivenöl extra
Meersalz
8 gestrichene EL grobes
    Grießmehl, ca. 90 g, und
    etwas Mehl zum Formen
100 g Parmesan, frisch gerieben
100 g Gruyère, frisch gerieben
    oder fein gewürfelt
1 Hand voll glatte Petersilie,
    grob gehackt
¼ TL Muskatnuss, gerieben
¼–½ TL zerstoßene, getrocknete
    rote Chilischote
4 EL natives Olivenöl extra aus
    erster Pressung zum
    Servieren

eine Keksform von etwa 5 cm
Durchmesser
ein kleines Backblech, leicht
eingeölt

Für 2–3 Portionen

Pizza ist ein allseits beliebtes Gericht: Diese kleinen Pizzen mit individuellem Belag begeistern Erwachsene wie Kinder. Auch als Partysnack sind sie ideal. Nichts geht über selbst gemachte Pizza (wer sie einmal probiert hat, wird sich nie wieder mit Fertigpizza einlassen). Außerdem ist sie unglaublich einfach zuzubereiten – im Grunde braucht man nur eine Küchenmaschine und – natürlich – Olivenöl.

500 g Weizenmehl
2 Pck. Trockenhefe à 7 g
1 TL Salz
4 EL natives Olivenöl extra

Für den Belag:
250 ml frische Tomatensauce,
    Passata oder Tapenade (siehe
    Seite 58) oder Pesto von
    sonnengetrockneten Tomaten
250 g kurz blanchierter Spinat
    (siehe Seite 70), Rucola oder
    gegrillte Paprikaschoten
    (siehe Seite 75)
100 g schwarze Oliven
    und/oder Kapern
50 g Anchovis, längs halbiert,
    und/oder geröstete
    Pinienkerne
250 g Büffel-Mozzarella,
    gewürfelt
8 Knoblauchzehen, in dünne
    Scheiben geschnitten
1–2 EL Rosmarin, Salbei oder
    Thymian, fein gehackt
250 ml natives Olivenöl extra
Meersalzflocken, frisch ge-
    mahlener schwarzer Pfeffer

2 Backbleche, leicht geölt

*eine runde Keksform von
    5–7,5 cm Durchmesser*

**Für 8 Portionen, zwischen
    32 und 40 Stück**

Mini-Pizzen
mit buntem Belag

Mehl, Hefe und Salz in einer Küchenmaschine kurz trocken vermengen. Olivenöl und 360 Milliliter lauwarmes Wasser dazugeben und zu einer weichen Masse verarbeiten.

Den Teig auf einer bemehlten Arbeitsfläche 2 Minuten kräftig mit den Händen durchkneten, dabei 2- bis 3-mal auf die Arbeitsplatte schlagen. Den Teig in eine eingeölte Schüssel geben, darin wenden, damit er rundum mit Öl versiegelt ist, an einen warmen Ort stellen und warten, bis er sein Volumen verdoppelt hat. Das dauert ca. 1 ½ Stunden.

Den gegangenen Teig auf die Arbeitsfläche legen und mit geölten Händen flach drücken, halbieren und jede Hälfte zu einem etwa 5 mm dicken Kreis ausrollen.

Mit der Keksform 16 kleine Pizzen ausstechen, auf das Backblech legen und je mit ½ bis 1 Teelöffel Tomatensauce bestreichen. Spinat, Rucola oder Paprikaschoten darauf legen, je nach Geschmack mit Oliven, Kapern, Anchovis oder Pinienkernen garnieren, mit Knoblauch und Kräutern würzen, mit Käse belegen und Olivenöl beträufeln. Mit der zweiten Portion Teig auf einem weiteren Backblech ebenso verfahren.

Die Pizzen 15 bis 20 Minuten ruhen lassen; im Backofen bei 230 °C (Gas Stufe 5) 12 bis 15 Minuten backen. Heiß servieren.

Ein in Sizilien und Nordafrika weit verbreitetes altes Rezept für einen köstlichen, leicht zuzubereitenden Snack, der auch phantastisch zu Fleisch oder Fisch schmeckt. Die Zutaten sind schlicht: nur Kichererbsenmehl, Salz, Wasser und Petersilie. Zuerst wird daraus eine Art dünner Schleim gekocht, der eindickt. Diesen schneidet man in Stücke, die in Olivenöl knusprig ausgebacken werden. Probieren Sie es aus – ein wahrer Genuss. Noch ein Hinweis: Lassen Sie sich nicht dazu verleiten, die Reihenfolge der Zutaten zu ändern, sonst wird der Teig klumpig und lässt sich nur noch schwer verarbeiten.

Kichererbsenecken

175 g Kichererbsenmehl*
1 TL Salz
1 kleines Bund glatte
    Petersilie, ca. 30 g,
    fein gehackt
250 ml natives Olivenöl
    extra oder Olivenöl zum
    Frittieren

**eine Backform aus Metall
etwa 30 x 40 cm,
eingeölt**

Für 6 Portionen,
    ca. 24 Stück

* *Kichererbsenmehl, auch
    als Besan bezeichnet,
    ist in Naturkostläden,
    Feinkostgeschäften
    oder Asienläden
    erhältlich.*

Das Kichererbsenmehl mit dem Salz in eine schwere Kasserolle sieben, 500 Milliliter kaltes Wasser mit dem Schneebesen glatt unterrühren. Die Petersilie untermischen. Den Teig unter stetem Schlagen aufkochen lassen. Etwa 2 Minuten, nachdem die Mischung den Siedepunkt erreicht hat, dickt sie allmählich ein – Vorsicht, spritzt gerne.

Bei konstanter Hitze die Masse für 1 weitere Minute verquirlen, dann rasch in die geölte Form gießen. Den Teig schnell mit einer Spatel auf knapp 1 cm Dicke glatt streichen, bevor er zu stocken beginnt (5 bis 10 Minuten).

Den Teig in 12 Quadrate schneiden und diese diagonal durchtrennen, so dass 24 Dreiecke entstehen.

Das Öl in eine Bratpfanne oder schwere Kasserolle geben und auf 190 °C erhitzen. Portionsweise 6 bis 8 Dreiecke darin etwa 2 Minuten auf jeder Seite goldbraun backen, bis sie Blasen werfen und knusprig sind. Die Dreiecke auf mehreren Lagen Küchenkrepp abtropfen lassen und heiß oder warm servieren – sie schmecken auch kalt köstlich.

Tipp: Die Knusperecken eignen sich hervorragend als Boden für Canapés oder zum Knabbern zu kalten, cremigen Dips. Dazu sollten sie kreisförmig oder quadratisch zugeschnitten sein, sonst wie oben verarbeiten. Vor dem Belegen können sie auch in einem sehr heißen Backofen kurz aufgewärmt werden.

Ful medames

500 g getrocknete Ful medames
(getrocknete dicke Bohnen)
oder 1 kg gekochte Bohnen
oder aus der Dose
2 Zwiebeln, eine davon längs
halbiert, die zweite halbiert
und in feine Ringe ge-
schnitten (mit Schalen)
6 sehr frische Eier
4 EL natives Olivenöl extra
4 Knoblauchzehen, gepresst
3–4 TL Kreuzkümmelkörner,
grob zerstoßen
2–3 TL Salz
1 großes Bund glatte Petersilie,
Minze oder Koriander
Meersalz, frisch gemahlener
schwarzer Pfeffer

Zum Garnieren:
4–6 EL natives Olivenöl extra
2 Zitronen, geviertelt oder in
kleinere Stücke geschnitten
4 warme Fladenbrote

Für 6–8 Portionen;
ca. 1,5 Liter

In Ägypten sind *Ful medames* schon fast Nationalgericht. Es gibt die verschiedensten Rezeptevariationen im ganzen Mittelmeerraum dazu. *Ful* sind kleinere, dicke, getrocknete braune Bohnen, die ein wenig wie Erdnüsse aussehen. Sie sind nicht einfach zu bekommen – zuweilen in arabischen Feinkostgeschäften. Auch *Ful* aus der Dose eignen sich für dieses Gericht. Sparen Sie nicht mit Kräutern und Olivenöl beim Servieren. Ein ursprüngliches, faszinierendes Gericht, ob als Frühstück, Brunch oder Snack für Zwischendurch.

Die getrockneten Bohnen in eine große Kasserolle geben, mit 1 ¼ Liter kochendem Wasser übergießen und zugedeckt 2 Stunden wässern.

2 Zwiebelhälften zu den Bohnen geben, aufkochen lassen, die Hitze zurücknehmen und 2 ½ bis 3 Stunden zugedeckt garen. Oder im vorgeheizten Backofen bei 130 °C (Gas Stufe 1) 6 Stunden backen, bis sich die Bohnen leicht zerdrücken lassen. Abgießen, das Wasser dabei auffangen.

Die Eier wahlweise in die Zwiebelschalen wickeln und in das handwarme Bohnenwasser legen. Das Wasser erhitzen und die Eier 4 Minuten darin kochen. Den Herd abschalten und die Eier weitere 3 Minuten im Wasser belassen, herausnehmen, abspülen, abkühlen lassen, pellen und halbieren.

In einer Bratpfanne das Olivenöl erhitzen, die Zwiebelringe mit 2 bis 3 Teelöffeln Salz, Knoblauch und Kümmel bei mittlerer Hitze anbraten, bis die Zwiebeln glasig sind und duften.

Die Pfanne vom Herd nehmen, ⅓ der gekochten Bohnen und 375 Milliliter des Bohnenwassers zugeben. Die Zutaten mit einer Gabel oder einem Kartoffelstampfer zu einem Brei vermengen, die übrigen Bohnen und die Hälfte der gehackten Kräuter zugeben. Die Mischung in eine Schale füllen und mit den Eihälften und den übrigen Kräutern garnieren. Das Gericht mit etwas schwarzem Pfeffer bestreuen und mit ein wenig Olivenöl beträufeln. Dazu Zitronenviertel und warmes Fladenbrot reichen.

Tipp: Da *Ful* ohnehin Stunden benötigen, um zu weichen und zu kochen, hier eine besonders langsame, aber umso einfachere Variante. Die Bohnen für 12 Stunden wässern, abgießen und in eine Kasserolle umfüllen, aufkochen lassen, zudecken und im Backofen bei geringer Hitze über Nacht garen. Auf diese Weise sind sie am nächsten Morgen fertig.

Steinpilz-Risotto
mit frischen Wildpilzen

Auch wenn Butter allein oder eine Mischung aus Butter und Olivenöl üblicherweise für italienischen Risotto verwendet wird, verdankt das Gericht nach Ansicht vieler Küchenchefs seine edle Note dem zum Schluss zusätzlich hineingeträufelten Olivenöl. Für dieses Rezept werden getrocknete Steinpilze und jede Art von frischen Wildpilzen benötigt. Parmesan zum Anrichten nicht vergessen. Einfacher ist es, den Reis nach Volumen und nicht nach Gewicht zu messen.

15 g getrocknete Steinpilze
   (1 ½ kleine Tütchen)
50 g Butter
100 g Portobellopilze (Egerlinge)
   oder andere große offene
   Pilze, geviertelt
6 EL natives Olivenöl extra
125 ml Weißwein
250 ml Arborio-Reis
1 Zwiebel, in Ringe geschnitten
2 Knoblauchzehen, in feine
   Scheiben geschnitten
1 l heiße Hühner- oder
   Kalbsbrühe
8 EL frisch geriebener
   Parmesan, ca. 50 g, und
   etwas extra zum Garnieren
Meersalz

Für 4 Portionen

Die getrockneten Steinpilze mit 250 Milliliter kochendem Wasser übergießen und ca. 20 Minuten wässern. Sobald sie sich vollgesogen haben, abseihen und die Abtropfflüssigkeit zu der heißen Brühe geben.

In einer großen schweren Kasserolle die Butter erhitzen und die frischen Pilze 5 Minuten darin anbraten, dabei gelegentlich umrühren. Die Pilze mit einem Schaumlöffel herausheben und beiseite stellen.

Reis, Zwiebel und Knoblauch in der Hälfte des Olivenöls 2 Minuten unter Rühren sautieren. Die Steinpilze *(porcini)* und den Wein zugeben und solange kochen, bis die Flüssigkeit vollständig aufgesogen ist (ca. 3 Minuten). Mit 1 Schöpfkelle heißer Brühe ablöschen, den Reis sprudelnd kochen lassen und gelegentlich vorsichtig umrühren. In Abständen von 5 bis 6 Minuten eine Schöpfkelle voll Brühe zugeben, bis der Reis zart ist und die Brühe zur Gänze aufgebraucht (22 bis 25 Minuten). Die angebratenen Pilze und der geriebene Parmesan nach Zugabe der dritten Kelle unter den Risotto mengen.

Mit etwas Salz würzen (nicht zu viel, da der geriebene Käse bereits salzig ist). Die übrigen 3 Esslöffel Olivenöl über den Risotto träufeln, vom Herd nehmen und servieren. Nach Belieben einige Parmesanflocken über den Reis streuen.

Tipp: Italienischen Risottoreis gibt es in verschiedenen Korngrößen: Carnaroli und Arborio sind vielfach gebräuchlich. Risottoreis kann erstaunliche Mengen an Flüssigkeit aufnehmen (bis zum Vierfachen des eigenen Volumens), dennoch bleibt er bissfest und cremig. Einfach köstlich.

Seit dem späten 18. Jahrhundert wird in den von spanischen Franziskanern gegründeten Missionen in San Diego und Alcalá Olivenöl erzeugt. Die Mönche verwendeten mexikanische Wildlinge, die auch heute noch zum Aufpfropfen dienen. Die Padres benötigten das Öl zu zeremoniellen Zwecken und später zu Tauschgeschäften.

Kalifornien

In den Vereinigten Staaten baute man Oliven häufiger als Tischfrucht denn zur Ölproduktion an, doch die Zeiten haben sich geändert. Kalifornien ist allerdings der einzige Staat mit einer nennenswerten Olivenölbranche, in Arizona und Texas werden nur geringe Mengen erzeugt. Die wichtigsten Anbauregionen in Kalifornien sind das Napa und das Sonoma Valley.

Nach der Säkularisierung der Missionen durch die mexikanische Regierung importierten Bauern hunderte verschiedener Olivensorten aus Europa und pflanzten sie im ganzen Staatsgebiet. 1880 blühte der Ölmarkt, doch schon 1905 schwappten Unmengen preiswerter Keimöle auf den Markt, und in den 40er Jahren wurde die Konkurrenz durch noch billigere Ölimporte so erdrückend, dass es zu einem Handelskrieg kam, der die meisten kalifornischen Bauern aus dem Markt verdrängte.

Der neuere Trend hin zu qualitativ hochwertigem Öl, der teilweise durch die begehrenswerten gesundheitlichen Vorzüge des Olivenöls ausgelöst wurde, hat seine Wurzeln vorwiegend bei Weinbauern, die in abgelegenen Tälern auf die herrlichen alten Ölbäume stießen. Noch vor zehn Jahren gab es lediglich drei gute Olivenölsorten – inzwischen sind es über 50. Begreiflicherweise liegen die Preise für diese erstklassigen, kaltgepressten extra nativen Olivenöle recht hoch.

Die derzeit in den Vereinigten Staaten hergestellten Olivenöle sind im Charakter sehr unterschiedlich: Die Palette reicht von buttermilden, süßen und gelben Sorten zu würzigeren, fast bitteren, grün-fruchtigen Olivenölen mit leicht pfefferscharfem Biss. Diese Entwicklung wird vermutlich in dem Maße anhalten, wie die kalifornischen Bauern mit Eifer versuchen, herausragende Öle zu produzieren, die den begehrten Ölen aus der Toskana und Umbrien in nichts nachstehen – denn diese sind seit Jahren die heimliche Leidenschaft amerikanischer Feinschmecker. Die Amerikaner scheinen auf dem besten Weg zu sein, sich zu einem ernsthaften Erzeugerland zu mausern.

gegenüber Einige der 30 Hektar großen Olivenhaine der McEvoy Ranch, einem der bedeutendsten Gutshöfe für Oliven in Marin County in den Petaluma Hills, Sonoma.

oben links Die McEvoy-Anzucht von toskanischen Varietäten.

oben Mitte Diese *frantoio* (Ölmühle) in den Vereinigten Staaten arbeitet auf dem neuesten Stand der Technik mit einer Rapanelli-Presse aus Italien.

oben rechts Eine Olivenölverkostung.

oben Zwei herausragende kalifornische Olivenöle: McEvoy von Marin Extra Virgin Olive Oil und Olio Santo Extra Virgin Olive Oil, ein Olivenöl aus erster kalter Pressung.

Beide Länder mit Weinanbaugebieten, um die sie von aller Welt beneidet werden, scheinen für einen aufregenden Olivenölboom wie geschaffen. Wie die Weinbauern, so versehen auch die Ölbauern ihre Flaschen mit Etiketten, auf denen Gutshof, Region, Olivensorte und das Jahr der Pressung vermerkt sind. Ziel ist es, erstklassige Öle zu produzieren.

Australien und Neuseeland

gegenüber Baumschule, Grantham, Queensland. Die Bäume werden im Alter von 12 Monaten mit einer Höhe von 40 bis 60 cm verkauft. Diese Baumschule liefert 80 Prozent der von australischen Bauern gekauften Pflanzen.

ganz oben Olivenkisten, McLaren Vale, Südaustralien.

oben Mitte Hain in McLaren Vale.

oben McLaren Vale. Südaustralien: wilde oder verwilderte Ölbäume entlang der Straße.

oben rechts Joseph Foothills Öl aus Südaustralien ist ebenso etikettiert wie eine Weinflasche – Region, Olivensorte, Gutshof und Jahr sind vermerkt. Daneben: ein kaltgepresstes, Olivenöl aus Neuseeland.

In Restaurants in Sydney oder Auckland wird man Ihnen, sobald Sie Platz genommen haben, meist statt Butter eine Untertasse voll grüngoldenem einheimischen Olivenöl zu frischem, warmem, knusprigem Brot reichen.

Australien mit seinem sonnigen Klima, den ungeheuren Weiten, Gartenbauinfrastruktur und innovativer Technologie, verfügt über Ehrgeiz und Sachverstand, um eine beneidenswerte Olivenölbranche zu fördern. Böden werden auf ihren Nährwert getestet, Olivenhaine so geplant, dass sie automatisiert bewässert und effizient abgeerntet werden können; ebenso wie Neuseeland stets auf ein »sauber grünes« Image bedacht, will man zudem ökologisch vertretbar zu sein.

Ölbäume wurden in Australien erstmals im Dezember 1800 von George Suttor, einem Protegé von Sir Joseph Banks, dem Botaniker der Cook-Expedition, eingeführt. Doch trotz größter Bemühungen konnte sich die Olivenölbranche nie richtig etablieren. Erst nach dem Zweiten Weltkrieg unter dem gewaltigen Zustrom von Immigranten aus Italien, Griechenland, der Türkei und dem Libanon wurde der Wert der Ölbäume erkannt.

Für die Neuankömmlinge repräsentierte sie das Beste aus der alten Heimat. Die wilden Bäume entlang der Straßen stammten zum Teil aus der Kolonialzeit oder entsprossen Olivenkernen, die von Vögeln verbreitet worden waren. Ihre Früchte schmeckten würzig und köstlich. Ein gut gepflegter, konventionell gewässerter Olivenbaum bringt in Australien im Durchschnitt einen Ertrag von 50 Kilogramm Oliven – für die Menschen aus dem Mittelmeerraum kaum vorstellbare Zahlen.

Heute gedeihen Ölbäume im ganzen Land – überwiegend deckungsgleich in den Weinbaugebieten: vom Margaret River im Westen Australiens über Barossa, McLaren Vale und die Clare Valleys im Süden Australiens, bis hin nach Victoria, New South Wales und zum südöstlichen Queensland. Auch in Neuseeland überlappen sich die blühendsten Regionen mit den bedeutenden Weinbaugegenden – Marlborough, Nelson, Hawkes Bay, die Bay of Plenty, Whangarei, North Canterbury, Waiheke Island, Martinborough und Rodney County.

Noch in den 50er Jahren jedoch betrachteten viele Olivenöl, das meist schon ranzig in Drogerien verkauft wurde, als Kosmetikum oder Medikament – es dauerte Jahrzehnte, bis es als Lebensmittel akzeptiert wurde.

Die zunehmende Begeisterung für mediterrane Speisen in den späten 60er und 70er Jahren sowie die Gesundheitsbotschaften der 80er Jahre haben Olivenöl von einer Kuriosität in den Stand einer stolz präsentierten Würze erhoben.

Olivenöl vom anderen Ende der Welt wird noch von sich reden machen.

Fisch
Fleisch
und Geflügel

Weil es so ausgeprägt, reichhaltig und doch reiner als viele andere Kochfette ist, bewirkt extra natives Olivenöl wahre Wunder mit Meeresfrüchten, Geflügel, Wild und Fleisch aller Art. Das Fleisch bleibt zart und saftig. Und das Öl unterstützt Geschmack und Aroma und verleiht Marinaden und Saucen Besonderheit. Es eignet sich zum scharfen Anbraten, zum Schmoren, für Eintöpfe, zum Backen, Braten, für Grill- und Pfannengerichte. In jedem Fall ist es ein Gewinn für Gaumen, Qualität und Nährwert.

Viele trauen sich nicht an die Zubereitung einer *Bouillabaisse* heran, sie scheuen die lange Fischliste und die vielen Arbeitsgänge. Das ist schade, denn Bouillabaisse ist ein überaus köstliches Gericht. Wie bei so vielen Rezepten ist auch hier gutes Olivenöl entscheidend. Außerdem ist die Rouille wichtig: selbst gemacht (siehe Seite 54) oder fertig gekauft. Experimentieren Sie mit einer Mischung aus Harissapaste und Aïoli (siehe Seite 54). Die Croûtes (geröstete Weißbrotscheiben) sollten jedoch immer frisch zubereitet sein.

Bouillabaisse

750 g frische Muscheln
4 EL natives Olivenöl extra
4 Knoblauchzehen, gepresst
500 ml trockener Weißwein
1 Prise Cayennepfeffer
1 kleines Bund glatte Petersilie
1 kleines Bund frischer Thymian
1,25 l Wasser oder Fischbrühe
1 große Prise Safranfäden
1 Fenchelknolle, längs
    geschnitten
4 große vollreife Tomaten,
    gewürfelt
2 kg gemischte Weißfischarten:
    Dorsch, Snapper, Knurrhahn,
    Meeräsche, Seeteufel oder
    Meeraal, in 5 cm große
    Stücke geschnitten
350 g Baby-Kalmare, ge-
    schnitten oder im Ganzen
2 EL Pernod oder Ricard zum
    Abschmecken (wahlweise)
Meersalzflocken

Für die Croûtes:
Olivenöl zum Braten
12–16 Scheiben französisches
    Weißbrot
4 Knoblauchzehen, ungeschält
    zerdrückt
125 ml Rouille (siehe Seite 54)
    oder Mayonnaise mit Harissa
100 g geriebener Gruyère

Für 6–8 Portionen

Die Muscheln putzen, geöffnete wegwerfen. 2 Esslöffel Olivenöl in einer sehr großen, hohen Kasserolle erhitzen, Muscheln, Knoblauch und Wein zugeben und zugedeckt unter gelegentlichem Schwenken bei mittlerer Hitze 4 bis 6 Minuten garen (geschlossen gebliebene Muscheln wegwerfen).

Den Topf vom Herd nehmen, die Muscheln durch ein mit nassem Mulltuch oder Küchenkrepp ausgelegtes Sieb abseihen, dabei die Flüssigkeit in einer Schüssel auffangen. Die Hälfte der Muscheln aus den Schalen lösen und mit den übrigen beiseite stellen. Den Sud wieder in die Kasserolle gießen. Petersilie und Thymian zu einem Bund zusammenbinden und mit dem Cayennepfeffer und dem Wasser bzw. der Fischbrühe zu dem Sud geben.

Den Sud mit 1 Prise Safran würzen, den übrigen Safran mit 2 Teelöffeln Meersalz in einem Mörser verreiben. Den Puder mit 1 Schuss Flüssigkeit auflösen und zum Sud geben.

Fenchel, Tomaten und Fisch unter den Sud rühren, aufkochen lassen, die Hitze zurücknehmen und halb zugedeckt 6 bis 8 Minuten garen, d.h. bis der Fisch fast durch ist. Die Kalmare und die Muscheln in die Suppe geben und zugedeckt erneut erhitzen, bis die Muscheln wieder warm und die Kalmare bissfest aber nicht gummiartig sind. Den Deckel vom Topf nehmen, die Bouillabaisse eventuell mit Pernod oder Ricard beträufeln, beiseite stellen und inzwischen die Weißbrotscheiben zubereiten.

Etwas Olivenöl in einer extra Bratpfanne erhitzen, das Brot hineingeben und goldbraun braten; mit den Knoblauchzehen einreiben und mit 1 Klecks Rouille und etwas Käseraspeln garnieren.

Die Croûtes in tiefe, vorgewärmte Suppenteller geben, eine Portion Fisch, Meeresfrüchte und Suppe dazugeben und am besten gleich genießen.

Gegrillte Jakobsmuscheln
mit Petersilienöl

In der richtigen Mischung ergeben Petersilie, Knoblauch und Olivenöl ein
herrlich intensiv duftendes grünes Öl, das wunderbar zu Meeresfrüchten und
Fisch harmoniert. Über Jakobsmuscheln geträufelt, die kurz in Zitronensaft
und feinem Olivenöl mariniert wurden, ein umwerfender Genuss.

2 Knoblauchzehen, gepresst
4 EL natives Olivenöl extra
Saft von 1 Zitrone
375–400 g fleischige frische
    Jakobsmuscheln,
    ca. 16 Stück
1 kleine Hand voll frischer
    Schnittlauch (wahlweise)
    zum Garnieren

Für das Petersilienöl:
1 kleines Bund Petersilie,
    fein gehackt, ca. 15 g
125 ml natives Olivenöl extra
1 Knoblauchzehe, gepresst
Meersalz, frisch gemahlener
    schwarzer Pfeffer

8 kurze Holz- oder Satay-
Spießchen, ca.
½ Stunde wässern

Für 4 Portionen

Knoblauch, Öl und Zitronensaft in einer flachen, nicht-metallischen Schale mischen. Die
Jakobsmuscheln mit Küchenkrepp trockentupfen und jede 3-mal kreuzweise auf beiden
Seiten mit dem Messer einritzen. Den Corail mit einem Zahnstocher anstechen, damit er nicht
platzt. Die Muscheln in die Marinade geben und einmal wenden, dann beiseite stellen.

Petersilie, Öl und Knoblauch in einem Mixer zu einer glatten Masse verquirlen; dieses
leuchtend grüne Öl sowohl als Würze als auch zum Garnieren verwenden.

Die Jakobsmuscheln abtropfen lassen und je 2 auf einen Spieß stecken. Die Marinade zu
einer klebrigen goldenen Glasur einkochen lassen. Die Muscheln mit der eingekochten
Marinade auf jeder Seite glasieren. Zum Servieren die Muscheln mit etwas Petersilienöl
beträufeln und Öl als Dip in ein extra Schälchen geben. Die Muscheln salzen und pfeffern
und nach Belieben mit einigen Stangen Schnittlauch anrichten.

Variation: Auf dem Gartengrill oder im Backofengrill zubereitet werden die Muschelspieße
auf einen geölten Rost gelegt und in einem Abstand von 5 bis 6 cm über sehr großer Hitze
gegrillt, bis sie fest und goldbraun sind. Die Marinade in einer Kasserolle zu einer Glasur
einkochen lassen.

Tipp: Nehmen Sie vorzugsweise frische Jakobsmuscheln in der Schale – lassen Sie sie von
ihrem Fischhändler vorbereiten. Sollten Sie bereits ausgelöste Jakobsmuscheln kaufen, dann
nur, wenn sie nicht im Wasser liegen. Das Muschelfleisch saugt sich voll, und sobald die
Muscheln erhitzt werden, tritt das Wasser aus und das Resultat gleicht mehr einem Eintopf
als einem Grillgericht.

Spanische Fischburger

Von Spanien und Portugal bis in die Karibik ist *bacalau* (gesalzener Kabeljau) die Basis für Fischburger. Aber auch geräucherter Kabeljau, Schellfisch oder Räucherlachs eignen sich hervorragend. Traditionell gesalzener Kabeljau muss zuerst eingeweicht und entsalzt werden – dafür wird er in einer Schüssel mit kaltem Wasser bedeckt und im Kühlschrank 24 Stunden kalt gestellt, wobei das Wasser alle 4 Stunden gewechselt werden sollte. Charakteristische Merkmale der spanischen Version sind der frische Koriander und Olivenöl als Bratfett.

500 g mehlige Kartoffeln, längs halbiert
350 ml Vollmilch
350 g geräucherter Schellfisch, Kabeljau oder gesalzener Kabeljau
2 EL natives Olivenöl extra
1 Ei, verquirlt
4 Frühlingszwiebeln, klein gewürfelt
1 kleines Bund frischer Koriander, fein gehackt
8 EL Weizenmehl zum Panieren
6–8 EL natives Olivenöl zum Braten
Meersalz, frisch gemahlener schwarzer Pfeffer
Zitronen- oder Limettenviertel zum Garnieren

Für 4 Portionen

Die Kartoffeln in sprudelndem Salzwasser weich kochen, abgießen und in der warmen Kasserolle trocknen lassen.

Die Milch in einer Bratpfanne aufkochen, den Fisch darin pochieren, bis er heiß ist (6 bis 8 Minuten). Den Fisch gut abtropfen lassen und die Milch zurückbehalten. Nachdem der Fisch abgekühlt ist, häuten, entgräten und zerteilen.

Die Fischstückchen zu den Kartoffeln geben. Olivenöl, Ei, Frühlingszwiebeln, Koriander, Salz und Pfeffer einrühren und zu einer kompakten Masse vermengen. Je nach Bedarf ½ bis 1 Esslöffel der erwärmten Milch zugeben. Aus der Mischung 8 bis 12 Bällchen formen, diese flach drücken und in dem gewürzten Mehl panieren.

Das meiste Öl in einer beschichteten Pfanne auf 190 °C erhitzen, so dass ein 1 cm großer Brotwürfel in 35 bis 45 Sekunden darin goldbraun gebraten wird. Die Fischburger darin ca. 4 Minuten auf jeder Seite braten. Die Burger auf mehreren Lagen Küchenkrepp abtropfen lassen und warm stellen, bis alle Burger fertig herausgebacken sind. Dabei nach Bedarf etwas Öl nachgießen. Die Burger mit Zitronenvierteln garnieren und heiß servieren.

Seebarschpäckchen

Ein Hauch von Mittelmeer: Fisch in Alufolie gewickelt und gegrillt, bis das Fleisch gar ist, dazu mit Knoblauch, Kapern, Zitronensaft und Anchovis verfeinertes Olivenöl – ein umwerfendes Gericht, das nichts für zarte Gemüter ist!

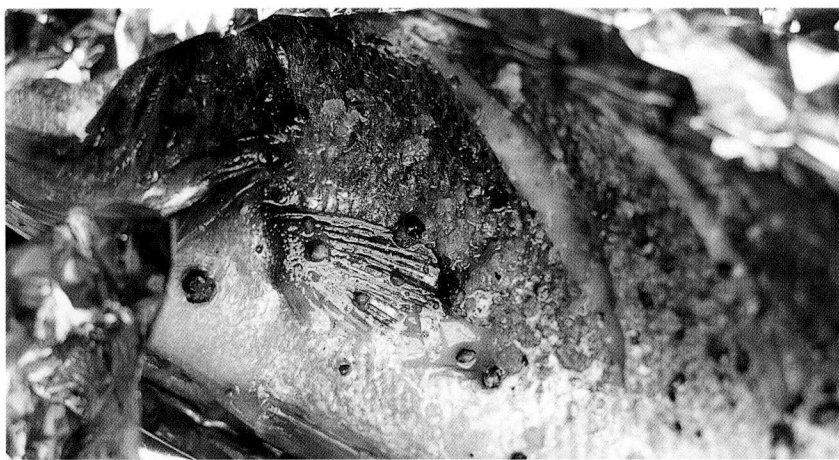

4 mittelgroße Rote Meer-
   barben oder Seebarsche
   à 300 g bzw. 4 Filets
   à 150 g
Saft von 1 Zitrone
125 ml natives Olivenöl extra
8 Anchovisfilets aus dem
   Glas, gewürfelt
2 Knoblauchzehen, fein
   geschnitten
4 EL kleine eingelegte
   Kapern
1 kleine Hand voll frische
   glatte Petersilie, gehackt
Meersalz, frisch gemahlener
   schwarzer Pfeffer

*4 Stück Alufolie, ca. 25 cm
breit, mit Öl bestrichen*

Für 4 Portionen

Die Fische auf beiden Seiten 2-mal diagonal einschneiden, mit Salz und Pfeffer einreiben, auf ein Stück Folie legen und mit der halben Menge Zitronensaft beträufeln. Die Folienhülle locker um den Fisch formen, zu den Enden hin enger werden und diese gut einrollen, bis sie dicht schließen.

Im vorgeheizten Backofen bei 180 °C (Gas Stufe 2–3) die Fischfilets 10 bis 15 Minuten, die ganzen Fische 20 bis 25 Minuten braten, bis das Fleisch weiß und fest ist (ein Folienpäckchen versuchsweise öffnen). Die Fischfilets können auch über einem mittelheißen Gartengrill 6 bis 8 Minuten – bei ganzen Fischen 8 bis 12 Minuten – gegart werden.

Das übrige Öl mit Anchovis, Knoblauch und Zitronensaft zu einer Paste verreiben. Kapern und Petersilie unterrühren. Mit etwas Zitronensaft abschmecken.

Die Fischpäckchen auf vier vorgewärmte Teller geben und jeweils auf einer Seite soweit öffnen, dass sie mit etwas Sauce beträufelt werden können. Die Folie wieder schließen und die Fische sofort servieren.

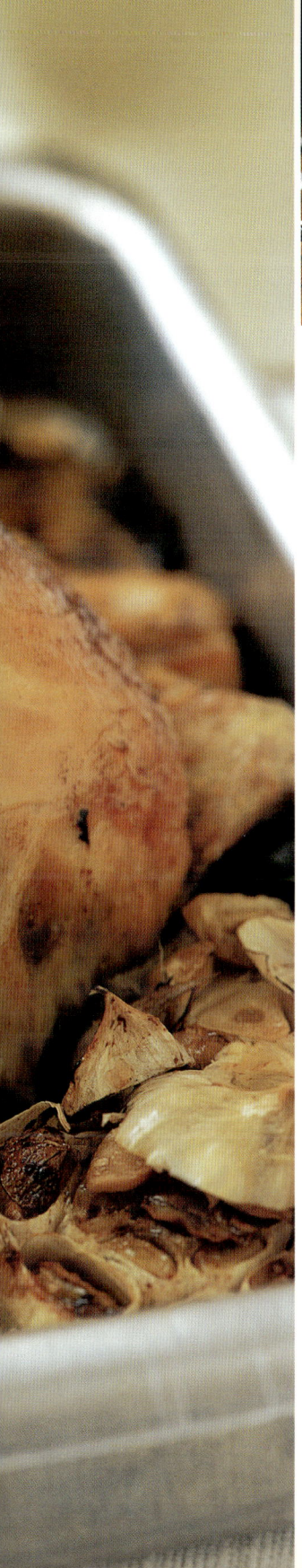

Die Besonderheit dieses französischen Gerichts liegt an dem mit Mais gemästeten Hähnchen, den salzigen Oliven und der aromatischen Sauce. Wählen Sie ein Olivenöl, das damit harmoniert: Ein kräftiges, grünes, fruchtiges Öl aus der Provence wäre ideal. Zitronen und Knoblauchknollen können wahlweise zu einer Sauce verarbeitet oder im Ganzen belassen dazu serviert werden.

Provenzalisches Grillhähnchen
mit Knoblauch, Zitronen und Oliven

1 maisgemästetes Huhn
   aus Freilandhaltung,
   1,25 – 1,5 kg
3 EL natives Olivenöl extra
2 Zitronen
1 großes Bund frischer
   Thymian
175 g schwarze Oliven,
   z.B. trocken eingelegte
   Provençal-Oliven
4 ganze Knoblauchknollen
125 ml vollmundiger
   Rotwein (wahlweise)
Meersalz, frisch gemah-
   lener schwarzer Pfeffer

Für 4 Portionen

Das Huhn mit Küchenkrepp trockentupfen, die Haut mit etwas Olivenöl einreiben, das Huhn innen und außen salzen und mit der Brustseite nach unten in einen Bräter geben.

Die Zitronen mehrfach quer anschneiden, die Scheiben aber nicht durchtrennen. Das Huhn mit der Hälfte des Thymians und 1 Zitrone füllen, Thymian zwischen die Keulen und unter den Vogel legen. Die Oliven unter das Huhn schieben, die zweite Zitrone daneben legen.

Von den Knoblauchknollen Deckel abschneiden, jede Knolle mit 1 Esslöffel Olivenöl beträufeln, den Deckel wieder darauf legen. Das restliche Öl auf dem Huhn und der Zitrone verteilen.

Das Huhn im vorgeheizten Backofen bei 220 °C (Gas Stufe 4–5) 40 Minuten braten. Wenden, die vorbereiteten Knoblauchknollen darunter schieben und für weitere 35 bis 40 Minuten garen, bis das Huhn dunkel goldbraun ist. Die Keule an der dicksten Stelle anstechen – der Bratensaft sollte klar und gelb sein (die Farbe lässt sich gut mit einem Metalllöffel überprüfen). Enthält der Bratensaft noch Spuren von Rosa, das Huhn noch weiterbraten. Das Huhn und die Oliven aus dem Bräter nehmen und zugedeckt an einem warmen Ort 8 bis 10 Minuten ruhen lassen und inzwischen die Sauce zubereiten.

Den Bratensaft aus dem Bräter gießen und 25 Milliliter davon mit dem Rotwein in einen Mixer geben. Die weichen Knoblauchzehen aus den Knollen direkt in den Mixer drücken. Das Huhn aufrichten und den Saft in den Mixer oder die Küchenmaschine laufen lassen. Ein Viertel der gerösteten Zitrone in Stücke reißen und mit den übrigen Zutaten in kurzen Etappen zu einer reichhaltigen Sauce verquirlen. Abschmecken, eventuell etwas mehr Fond zugeben. Die Sauce leicht kochen, bis sich der scharfe Geschmack des Weines verliert (3 bis 5 Minuten) und zusammen mit dem Huhn servieren.

Hähnchenflügel vom Grill

Hähnchenflügel sind von Natur aus mildsüß; dies wird durch die Marinade und das Grillen noch verstärkt. Die eingekochte Marinade dient sowohl als Sauce als auch als Glasur. Olivenöl im Zusammenspiel mit säuerlichen Zutaten – Essig, Wein oder Tomaten – macht festere Fleischstücke zarter: ein nützlicher Tipp, der nicht nur für Geflügel, sondern für alle mageren, festeren Stücke von Fleisch und Wild gilt.

12 große Hähnchenflügel

Für die Marinade:
4 Knoblauchzehen, fein
   geschnitten
2 TL gemahlener Ingwer
2 EL Sojasauce
4 EL Balsamicoessig
1 EL Honig
8 EL natives Olivenöl extra
125 ml grüner Ingwerwein
   oder Weißwein

Zum Garnieren:
Salatblätter
Zitronen- oder
   Limettenviertel

Für 6 Portionen

Die Hähnchenflügel verdrehen und die Flügelspitzen über das erste Gelenk klemmen, so dass ein Dreieck entsteht. Die Haut ringsum einstechen, damit die Marinade besser eindringen kann.

Knoblauch, Ingwer, Sojasauce, Essig, Honig, Olivenöl und Wein in einen Mixer geben und pürieren. Die Hähnchenflügel in einen Plastikbeutel geben und die Marinade darüber gießen. Die Flügel im Beutel bewegen, damit sie auf allen Seiten gut mit Marinade umhüllt sind. Den Beutel mit einer Drehung verschließen und mindestens 30 Minuten (bis zu 8 Stunden) ruhen lassen.

Einen Gartengrill oder den Backofengrill auf mittlerer Hitze vorheizen. Die Flügel aus der Marinade nehmen und die Marinade in eine kleine Kasserolle abgießen. Die Hühnerflügel 12 bis 20 Minuten grillen, bis sie gebräunt, klebrig und zart sind, dabei 1-mal wenden (je nach Größe variiert die Garzeit).

Die Marinade aufkochen und bei mittlerer Hitze ziehen lassen, bis sie zähflüssig und klebrig ist. Die Hähnchenflügel mit der Marinade bestreichen und mit Salatblättern, Zitronen- oder Limonenvierteln garniert servieren. In einem extra Schälchen die übrige Marinade als Dip reichen. Am besten schmecken die Hähnchenflügel mit den Fingern gegessen, also halten Sie reichlich Papierservietten bereit.

Stiphado ist das griechische Wort für einen deftigen Schmortopf. Früher wurde häufig Wildkaninchen- oder Hasenfleisch verwendet. Wird das Gericht auf dem Herd zubereitet – wie in vielen Haushalten auf den griechischen Inseln, wo es keinen Backofen gibt – so wird es zum Eintopf. Als Beilage empfehle ich weiße Nudeln (landestypische *hyllopittes*) oder Reis.

Stiphado mit Pute

125 ml natives Olivenöl
extra, vorzugsweise
griechisches
750 g Puten- oder Hühn-
chenbrust, in 5 cm große
Stücke geschnitten
2 Zimtstangen, zerbrochen
1 TL Pimentkörner oder
Gewürznelken, leicht
zerstoßen
3–4 Zweige frischen
Rosmarin
125 ml kräftiger Rotwein
2 EL Tomatenpüree
1 TL Zucker
2 EL Rotweinessig
250 ml Hühner- oder
Putenbrühe
250 g Perlwiebeln, im
Ganzen geschält
250 g Jerusalem-
artischocken oder Kar-
toffeln, längs halbiert
Meersalz, frisch gemahle-
ner schwarzer Pfeffer
350 g flache, breite
trockene Pasta

Für 6 Portionen

Die Hälfte des Olivenöls in eine große backofenfeste Kasserolle oder schwere Pfanne gießen und die Puten- oder Hühnerfleischstücke darin sautieren, so dass sie rundum angebräunt sind.

Zimt, Pimentkörner oder Gewürznelken, Rosmarin, Rotwein, Tomatenpüree, Zucker, Essig und Brühe dazugeben, aufkochen, die Hitze zurücknehmen und zugedeckt ca. 25 Minuten garen lassen, bis das Fleisch fast durch ist.

Das übrige Öl in einer Bratpfanne erhitzen; die kleinen Zwiebeln und die Artischocken oder Kartoffeln darin anbräunen. Das Gemüse zu dem Fleisch in die Kasserolle geben, unterrühren und zugedeckt weitere 10 bis 15 Minuten kochen lassen.

Währenddessen die Pasta in einen großen Topf mit kochendem Salzwasser geben, aufkochen und offen 8 bis 12 Minuten entsprechend der Packungsanweisung »al dente« kochen. Die Nudeln durch ein Sieb abgießen und mit dem *Stiphado* servieren.

Variation: Die Pasta vor dem Servieren in etwas Olivenöl wenden.

Marokkanische Hühnchen-Tagine

Die marokkanische Gewürzmischung *Ras-el-Hanout* – »Kopf des Ladens« – ist ein Verschnitt und wird auf Bestellung komponiert. In einigen arabischen Lebensmittelläden ist sie fertig erhältlich. Dieser Tagine verleiht *Ras-el-Hanout* eine feine, authentische Note. Eingelegte Zitronen gibt es ebenfalls in den genannten Geschäften, doch auch diese lassen sich leicht selbst vorbereiten.

2 EL *Ras-el-Hanout* (siehe
   Rezept nächste Seite)
½ TL Safranpulver
2 TL roter Paprika edelsüß
2 TL Meersalzflocken
4 Knoblauchzehen, gepresst
6 EL natives Olivenöl extra
750 g Hühnerkeulen ohne
   Haut
2 eingelegte Zitronen,
   geviertelt
250 g Kichererbsen, ge-
   kocht oder aus der Dose
75 g ganze blanchierte
   Mandeln, ca. 25 Stück
2 Zwiebeln, in Ringe
   geschnitten
2 Zimtstangen, längs
   halbiert
125–250 ml heiße
   Hühnerbrühe
6 EL Honig
65 g Rosinen
175 g Fertig-Couscous
500 ml heiße Hühnerbrühe
   oder Salzwasser

Für 4 Portionen

Das Ras-el-Hanout, den Safran, den Paprika und das Salz in einem Mixer oder in einem Mörser mit dem Stößel zu einem Pulver verreiben, etwas Knoblauch zugeben und mit einigen Tropfen Olivenöl die Zutaten zu einer Paste vermengen.

Das Hühnchenfleisch mit Küchenkrepp trockentupfen und ringsum gründlich mit der Gewürzmasse einreiben. Das Zitronenfleisch herauslösen und beiseite legen, die Schale in Streifen schneiden.

In einer schweren Kasserolle den Boden mit einer Schicht aus Kichererbsen, Mandeln und Zwiebeln bedecken, die Hühnerkeulen darüber legen. Zimt, Honig und das übrige Öl zugeben sowie die Rosinen und die aufgeschnittene Zitronenschale. Den Eintopf aufkochen lassen, die Hitze zurücknehmen und etwa 45 Minuten garen.

In der Zwischenzeit das Couscous in eine feuerfeste Schale geben, mit kochender Brühe oder Wasser übergießen und 5 Minuten weichen lassen. Zum Schluss kurz umrühren. Vor dem Servieren das Couscous mit der Tagine kurz im Backofen oder in der Mikrowelle erwärmen.

Ras-el-Hanout

Eine klassische marokkanische Gewürzmischung, die sich für vieles eignet.

½ TL schwarze Pfefferkörner
1 Zimtstange
½ TL Pimentkörner
½ TL Gewürznelken
½ TL getrocknete Rosenknospen
½ TL getrocknete
   Lavendelknospen
½ TL Kurkuma
½ TL Schwarzkümmel
½ TL grüne Kardamomkapseln
½ TL gemahlene Muskatnuss
½ TL Chiliflocken
½ TL zerstoßener Mazis
½ TL gemahlener Ingwer

**Für ca. 4 Esslöffel, ausreichend
für 2 Mahlzeiten**

Alle Zutaten in einer Gewürzmühle oder in einem Mörser zerreiben. In einem luftdichten Behälter aufbewahren.

Lammrippchen
mit geröstetem Junggemüse

Festes, bestes Stück vom erstklassigen Lamm, von den Rückratknochen befreit, lässt sich mühelos grillen und ergibt pro Person etwa 3 bis 4 kleine Koteletts, jedes mit einem Stück Knochen als Griff. Die Knochenenden sollten geschabt sein (französisch »getrimmt«), damit sie beim Braten nicht verkleben und man die Koteletts bequem mit den Fingern anfassen kann. Lassen Sie sich das Fleisch vom Metzger entsprechend zubereiten. Das Lamm wird gewürzt, mit Junggemüse in Olivenöl gebraten und mit frischen Kräutern serviert: eine ideale Partykost und zudem einfach zuzubereiten. Die Kombination dieses Rezepts – Lammkoteletts mit Kartoffeln und Kürbis – ist typisch für Australien und Neuseeland.

2 Lammrippenstücke
à 300 g, nach französischer Art »getrimmt«
1 EL grob gemahlener
schwarzer Pfeffer
1 EL Balsamicoessig
1 EL Paste aus sonnengetrockneten Tomaten
125 ml natives Olivenöl
extra
350 g kleine neue Kartoffeln, abgebürstet und
längs halbiert
350 g »Butternut«-Kürbis, in
1 cm große Würfel geschnitten
4–6 EL Rotwein
4 Zweige frische Kräuter,
z.B. Minze, Petersilie
oder Rosmarin
Meersalzflocken, zerrieben

Für 4 Portionen

Das Lammfleisch mit Küchenkrepp trockentupfen. In einer kleinen Schüssel Pfeffer, Essig, Tomatenpaste und 1 Esslöffel Öl zu einer Paste verarbeiten. Das Lamm mit der Mischung bestreichen und an einem kühlen Platz oder im Kühlschrank ruhen lassen.

Die Kartoffeln mit dem Anschnitt nach unten und den Kürbis in einen flachen Bräter geben. Mindestens ein Viertel des Bräterbodens sollte für das Lammfleisch frei bleiben, das später hinzukommt. Das übrige Olivenöl über das Gemüse träufeln, dann 1 Esslöffel zerriebene Meersalzflocken darüber streuen.

Im oberen Bereich eines auf 200 °C (Gas Stufe 3–4) vorgeheizten Backofens das Gemüse ca. 30 Minuten garen. Die Lammrippen nebeneinander liegend in den Bräter geben, wobei die Knochen nach oben zeigen sollen. Noch einmal für 20 bis 25 Minuten braten, bis das Fleisch außen braun und innen noch zart rosa ist.

Das Lamm aus dem Backofen nehmen und an einem warmen Ort 5 bis 10 Minuten ziehen lassen, damit es schön saftig bleibt. Den Rotwein mit den im Bräter verbliebenen Bratensaft und Fond vermengen, auf dem Herd erhitzen und unter häufigem Umrühren zu einer Sauce eindicken lassen.

Auf vier vorgewärmten Tellern das Gemüse portionsweise anrichten, das Lamm in Koteletts zerteilen und 3 bis 4 Stück mit den Knochen nach oben auf jeden Teller geben. Das Gericht mit frischen Kräutern garnieren und etwas Sauce um das Fleisch löffeln.

Schwein mit Recado

In vielen mexikanischen Rezepten für Schweinefleisch, vor allem für Schweinelende oder Filet, verleiht erst eine deftige Würzmischung dem Gericht seinen typischen Geschmack, seine Farbe und manchmal sogar die entsprechende Zartheit. Schweinefleisch wird, in Scheiben geschnitten, ganz nach Belieben kombiniert mit Salat oder Reis, in Tortillas oder Krautblätter gewickelt oder auf einem Püree aus Süßkartoffeln oder Kürbis oder mit gegrillten Strauchtomaten serviert. Auch wenn Maiskeimöl heutzutage in Mexiko bevorzugt wird, an Feiertagen oder zu besonderen festlichen Fleischgerichten greift man lieber zu erstklassigem Olivenöl.

750 g Schweinelende, in
    2 cm dicke Scheiben
    geschnitten
6 EL natives Olivenöl extra
1 ½ EL Obst- oder
    Cidreessig

Für das Recado:
1 rote Zwiebel, quer in 1 cm
    dicke Scheiben
    geschnitten
4 Knoblauchzehen,
    geschält
1 EL roter Paprika, scharf
1 EL Annattopulver
    (wahlweise)
1 TL Pimentkörner
1 TL schwarze Pfefferkörner
2 TL grobes Salz
1 TL getrockneter Oregano,
    in der Pfanne geröstet

Für 3–4 Portionen

Das Fleisch mit Küchenkrepp trockentupfen. Die Hälfte des Olivenöls mit dem Obstessig vermengen. Das Fleisch in einen Plastikbeutel geben, die Olivenölmischung darüber gießen und das Fleisch darin schwenken. 30 Minuten bis zu 2 Stunden im Kühlschrank marinieren lassen.

Zwiebel und Knoblauch in einer beschichteten Bratpfanne ohne Öl oder Fett rösten, bis sie knusprig und dunkel sind. Dann zusammen mit Paprika, Annatto, Piment- und Pfefferkörnern, Salz und Oregano zu einer dicken Paste verarbeiten.

Die Marinade aus dem Plastikbeutel in eine Schüssel füllen, stattdessen die Würzpaste in den Beutel geben und das Fleisch kräftig darin kneten.

Einen Garten- oder Backofengrill auf eine hohe Stufe vorheizen. Das Fleisch aus dem Plastikbeutel nehmen und im Abstand von 5 cm von der Hitzequelle auf beiden Seiten 8 bis 10 Minuten grillen. Heiß oder kalt servieren.

Schweinebraten mit Kruste

Bestens geeignet für eine Feier: das hintere Ende einer Schweinelende, kräftig gewürzt und in Balsamicoessig und Olivenöl mariniert, das Salz in die Schwarte eingerieben, so dass es eine köstliche Kruste ergibt. Das Gemüse wird teilweise unter dem Fleisch mitgegart und wird so zu einem *Sauce-cum-purée*. Sollten Sie keinen Liebstöckel haben, können Sie auch Salbeiblätter verwenden.

Meersalz

1 TL schwarze
   Pfefferkörner

1 EL frische Liebstöckel-
   oder Salbeiblätter,
   gehackt

2 kg Schweinerücken, die
   Knochen ausgelöst, die
   Schwarte eingeritzt

2 Knoblauchzehen,
   gepresst

3 EL Balsamicoessig

4 EL natives Olivenöl extra

2 große Möhren, längs
   halbiert und 1-mal
   durchgeschnitten

2 Zwiebeln in der Schale,
   quer halbiert

250 ml Rotwein oder Cidre

Für 8 Portionen

1 Esslöffel Meersalz in eine kleine Gewürz- oder Kaffeemühle geben und zusammen mit den Pfefferkörnern, dem Liebstöckel oder Salbei fein zermahlen. Die Hälfte der Mischung in die Ritzen der Schwarte des Schweinebratens reiben.

Knoblauch und 1 Esslöffel Balsamicoessig zu der restlichen Masse in die Mühle geben und nochmals mahlen. Das Fleisch mit der Würzölmischung mit Ausnahme der Schwarte ringsum bestreichen. 1 Esslöffel Meersalz zusätzlich in die Schwarte reiben, damit sich eine bessere Kruste bildet.

Das übrige Öl mit dem Balsamicoessig vermischen und in den Bräter gießen. Das Schweinefleisch mit der Schwarte nach oben in den Bräter legen und beiseite stellen, bis der Backofen auf 230 °C (Gas Stufe 5) aufgeheizt ist. Das Fleisch nochmals aus der Marinade nehmen, die Knochen am Boden des Bräters verteilen und das Fleisch wieder mit der Schwarte nach oben auf die Knochen geben.

Im vorgeheizten Backofen 25 Minuten auf höchster Stufe braten, dann auf 220 °C (Gas Stufe 4–5) zurückschalten. Möhren, Zwiebeln und 250 Milliliter kochendes Wasser zugeben und weitere 30 Minuten garen, bis das in der Mitte des Bratens platzierte Fleischthermometer 75 bis 80 °C anzeigt. Den Braten aus dem Ofen nehmen und offen an einem warmen Platz ruhen lassen.

Die Knochen und die zu stark gebratenen Teile der Möhren und Zwiebeln entfernen. Die dickeren Gemüseteile in Stücke schneiden (insgesamt etwa ½ Tasse an Volumen) und in einen Mixer geben. Den Fond im Bräter mit Wein oder Cidre ablöschen, aufkochen und den fest gebratenen Fond unter Rühren lösen. Einige Minuten kochen lassen, dann mit dem Gemüse in einen Mixer gießen.

Gemüse und Fond 1 bis 2 Minuten vermengen, um eine sämige, püreeartige Sauce zu erzielen. Die Sauce wieder in den Bräter geben, erhitzen, je nach Bedarf etwas Wasser zugeben oder einkochen lassen. Das Fleisch mit der Kruste in dicke Scheiben schneiden. Die Sauce extra in einer Sauciere servieren.

Tipp: Kartoffelknoblauchpüree (siehe Seite 69) schmeckt zu diesem Braten einfach unwiderstehlich. Ein knackiger Salat und Obst als Nachtisch runden das perfekte Mahl ab.

Üppige und faszinierende Aromen zu einer Einheit verschmolzen: Rind, Trüffelöl, Thymian, Knoblauch und Champignons. Das nur kurz gebratene Rinderfilet wird auf frischen Feldsalat mit Radieschen, herber Rucola und zartbitterer Kresse gebettet. Parmesanflocken verleihen eine würzige Note. Wirklich erlesenes Olivenöl ist hier ein Muss. Zusammen mit erdigem Trüffelöl ein wahrer Gaumenschmaus.

Rinderfilet vom Grill mit Wiesenchampignons

4 Filets Mignon à 250 g,
    gut abgegangen, bei
    Zimmertemperatur

Für die Marinade:
6 EL natives Olivenöl extra,
    aus erster kalter
    Pressung
2 EL Trüffelöl
1 EL Sherryessig
1 TL schwarze Pfeffer-
    körner, grob gemahlen
1 kleines Bund frische
    Thymianzweige
4 große Champignons
2 Knoblauchzehen,
    gepresst
Meersalzflocken, zerrieben

Für den Salat:
2 Hand voll Rucolablätter
2 Hand voll Brunnenkresse
2 Hand voll Feldsalat
100 g rote Radieschen,
    quer in Scheiben
    geschnitten
100 g Parmesan, mit einem
    Gemüseschäler in lange
    Flocken geraspelt

Für 4 Portionen

Das Rindfleisch mit Küchenkrepp trockentupfen und in einen Plastikbeutel legen. 3 Esslöffel Olivenöl, Trüffelöl, Essig, Pfefferkörner und Thymian verrühren und dazugeben. Gut durchschwenken, den Beutel verschließen und im Kühlschrank ½ Stunde marinieren lassen.

Rucola, Kresse, Feldsalat, Radieschenscheiben und Parmesanflocken in einer Schüssel locker durchmischen und auf vier Teller verteilen. Die Salatportionen mit dem übrigen Olivenöl beträufeln.

Das Rindfleisch aus dem Beutel nehmen, abtropfen lassen und auf den vorgeheizten Grill oder in die vorgeheizte geriffelte Bratpfanne legen. Die Pilze in den Plastikbeutel geben, den Knoblauch und 1 Teelöffel geriebene Meersalz-flocken dazugeben und durchkneten, bis die Pilze die Marinade gleichmäßig aufgesogen haben.

Die Rinderfilets auf jeder Seite 5 bis 6 Minuten braten oder bis sich die Grilllinien deutlich abzeichnen. Das Fleisch sollte duften, außen dunkel, aber innen noch rosa sein. Auf einen vorgewärmten Teller legen und zugedeckt warm halten.

Inzwischen die Champignons in die Pfanne oder auf den Grill legen und auf jeder Seite 2 bis 3 Minuten braten, bis sie dunkel und außen kross sind. (Sollte noch Marinade übrig sein, diese zuerst in die offene Unterseite der Pilze gießen.)

Jedes Filet quer zur Faser in 5 bis 6 Scheiben schneiden, die Scheiben auf dem Salat anrichten und mit den halbier-ten oder geviertelten Pilzen garnieren. Sofort servieren.

Zum ersten Mal kostete ich eine provenzalische *Daube* von Elizabeth David – reich an Rotwein, kleinen Zwiebeln und Orangenschalen. Meine Variante enthält zudem Walnusshälften und Cognac – da wird einem warm, und es schmeckt großartig. Am besten eignet sich grün-goldenes Olivenöl, das edelste, das Sie haben. Servieren Sie etwas Fond mit Pasta als Vorspeise, wie es in Südfrankreich üblich ist, und gehen dann zum Fleisch als eigentlichem Hauptgang über.

Boeuf en Daube

1 kg Rindfleisch, z.B. Schulter oder Ober- schale, in ca. 1 cm dicke Scheiben geschnitten
4 EL natives Olivenöl extra
4 Knoblauchzehen, in Scheibchen geschnitten
125 g roher Speck oder Speckstreifen, fein gewürfelt
3 Möhren, längs halbiert
12–16 kleine Zwiebeln, geschält
6 Eiertomaten, abgezogen, in Scheiben geschnitten
Schale von 1 Orange, in einem Stück
1 Bund frische Kräuter, z.B. Petersilie, Thymian, Lor- beerblatt, Rosmarin zu einem Bund verschnürt
60 g Walnusshälften
250 ml kräftiger Rotwein
2 EL Cognac oder Wein- brand
150 ml Rinderbrühe
15 cm Speckschwarte
Meersalz
glatte Petersilie zum Garnieren

Für 4–6 Portionen

Das Rindfleisch in ca. 6 cm große Würfel schneiden. Das Öl in einer feuerfesten Kasserolle erhitzen, Knoblauch, Speck, Möhren und Zwiebeln 4 bis 5 Minuten darin sautieren, dann aus dem Topf nehmen. Den Boden der Kasserolle mit Fleisch bedecken, die Hälfte der Gemüse-Speck-Mischung darüber legen und mit einer weiteren Lage Fleisch abdecken. Das übrige Gemüse mit den Tomaten, der Orangenschale, dem Kräuterbund und den Walnüssen darüber geben.

Den Wein in einem kleinen Topf aufkochen lassen, Cognac oder Weinbrand zugießen und einige Sekunden erwärmen, dabei den Topf etwas schwenken, damit sich der Alkohol verflüchtigt. Die Fleisch-Gemüse-Lagen mit dem heißen Weingemisch und gerade so viel Rinderbrühe aufgießen, dass sie knapp bedeckt sind. Die Speckschwarte darüber legen.

Die Kasserolle mit dem Fleisch und Gemüse erhitzen und bei geringer Hitze mit Alufolie und einem Deckel zugedeckt 2 Stunden garen lassen, bis das Fleisch weich und ein herzhafter, dickflüssiger Fond entstanden ist.

Das Gericht kann auch im Backofen zubereitet werden. Hier- für das Fleisch und Gemüse rasch aufkochen, die Hitze zurücknehmen, mit Alufolie und Deckel abdecken und im Backofen bei 150 °C (Gas Stufe 1) ca. 2 ½ Stunden garen.

Die Speckschwarte entfernen, die dazu diente, der Sauce eine sämige Konsistenz zu verleihen. Die Daube mit ge- hackter Petersilie bestreuen und heiß servieren. Das Gericht schmeckt sowohl ohne Beilage als auch vorzüglich mit Pasta, Kartoffelpüree oder Reis.

Brote
und süße Kuchen

Süße Knetteige, Ausbackteige und sogar Kuchen gewinnen erheblich durch die Verwendung von nativem Olivenöl extra, wenn Mengenverhältnisse und Zubereitung entsprechend darauf abgestimmt sind. Durch die Reduktion der gesättigten Fettsäuren werden diese Gerichte gesünder; außerdem werden sie schön braun, aromatisch, knusprig und zart. Der Geschmack bleibt unverfälscht und fein, und köstliche Kuchen, Nachspeisen und süße Knabbereien werden so zu einem begehrten Genuss ohne Reue.

Focaccia mit Oliven

Der Teig ist meine rasche Variante für in der Küchenmaschine gekneteten Pizzateig, doch er eignet sich auch hervorragend für *Focaccia*. Olivenöl wird sowohl für den deftigen Belag als auch für den Teig selbst benötigt – es schmeckt köstlich, ist authentisch und zudem immens praktisch, da das Mehl nicht mühsam mit dem Fett vermengt werden muss. Probieren Sie den Teig auch mit Zitrone statt Orange und mit getrocknetem oder frischem Oregano statt Rosmarin. Als Variante für den Belag: grüne Oliven mit Anchovisfüllung.

1 Pck. Trockenhefe (7 g)
250 g Weizenmehl und
    4 EL zum Ausrollen
½ TL Meersalzflocken
2 EL natives Olivenöl extra,
    vorzugsweise italienisches

Für den Belag:
Schale von 1 Orange, fein
    geschnitten
abgeriebene Schale und Saft
    von 1 Orange
4 EL natives Olivenöl extra
2 Knoblauchzehen, gepresst
2 EL frische Rosmarinblätter,
    grob gehackt
½ TL grob gemahlener
    schwarzer Pfeffer
1 TL Meersalzflocken oder Salz
150 g trocken eingelegte Oliven

Für 4 Portionen

Hefe, Mehl und Meersalz mit einem Knethaken kurz durchmischen. Öl und 180 Milliliter warmes Wasser vermischen und bei laufendem Knetwerk in einem Schwung zu dem Mehl geben. In kurzen Etappen von etwa 15 Sekunden zu einer weichen, klebrigen Masse (keine Kugel) verarbeiten.

Die Masse herausschaben und mit ca. 4 Esslöffeln Mehl 2 Minuten lang kneten, rollen und schlagen. Den Teig in eine geölte Schüssel legen, in einen Plastikbeutel geben und an einem warmen Platz zu doppelter Menge aufgehen lassen (ca. 50 Minuten).

Den Teig zu einem Rechteck von 32 × 22 cm drücken und ziehen und auf ein eingeöltes Backblech legen. Mit den Fingerspitzen den Teig überall leicht eindellen, damit er den Belag besser aufnehmen kann.

Orangenschale, Saft, Öl, Knoblauch, Rosmarin, Pfeffer und die halbe Menge Salz verrühren und über den Teig gießen. Die Oliven darauf verteilen und leicht eindrücken. Beiseite stellen und weitere 30 Minuten ruhen lassen.

Die Focaccia im vorgeheizten Backofen bei 200 °C (Gas Stufe 3–4) 25 bis 30 Minuten knusprig backen. Das übrige Salz darüber streuen und in großzügige Stücke schneiden. Heiß oder warm servieren, ein Glas Rotwein dazu reichen.

Bereiten Sie dieses Gebäck an einem Wintermorgen zu, schließen Sie die Augen und träumen Sie von Sevilla, Madrid und Barcelona. Dazu eine Tasse heiße Schokolade und die Illusion ist perfekt. Der Spritzteig muss unbedingt in sehr heißem Olivenöl herausgebacken werden, so dass er außen kross ist und sich schnell schließt, damit das Innere durch den Dampf gegart wird. Die *Churros* in die heiße Schokolade tunken und hineinbeißen – sündhaft, aber das reine Vergnügen.

Churros mit heißer Schokolade

Mehl und Backpulver in eine Schüssel sieben und das Salz zugeben. Eine Vertiefung in die Mitte drücken. Das Ei in einer Schüssel mit 250 Milliliter Milch verschlagen, in die Vertiefung gießen und mit dem Mehl vermengen. Nach und nach die übrige Milch zugießen und alles zu einem glatten, cremigen Teig verarbeiten, der sich gut spritzen lässt. Den Teig in den Spritzbeutel füllen.

Eine schwere Kasserolle mit Frittierkorb 10 cm hoch mit Olivenöl füllen und auf 190 °C erhitze, so dass ein 1 cm großer Brotwürfel darin in 35 Sekunden goldbraun gebraten wird.

Direkt aus dem Spritzbeutel lange, spiralförmige Teigstücke in das heiße Öl spritzen. Die Churros 4 bis 6 Minuten goldbraun backen (sie sollten weich wie ein Schwamm, aber durchgegart sein). Versuchsweise ein Stück herausnehmen und testen. Die fertigen Churros herausnehmen und auf Küchenkrepp abtropfen lassen. Den gesamten Teig so verarbeiten.

Die leicht abgekühlten Churros mit der Schere in 15 cm lange Stücke schneiden. Zucker in eine Schale geben, nach Belieben mit dem Zimt vermischen und die Churros damit bestäuben.

Für die heiße Schokolade die Bitterschokolade und die kochend heiße Milch miteinander verschlagen und solange unter stetem Rühren kochen, bis sich die Schokolade komplett aufgelöst hat. Die heiße Schokolade in vier Tassen oder Schalen gießen und zu den Churros servieren.

350 g Mehl
1 TL Backpulver
½ TL Salz
1 Ei, verquirlt
400–450 ml Milch
Olivenöl zum Ausbacken

Zum Garnieren:
8 EL Kristallzucker
4 EL Zimt, gemahlen
　(wahlweise)

Für die heiße Schokolade:
250 g Bitterschokolade, in
　Stücke gehackt oder
　gerieben
600 ml Milch, kochend heiß

Einen Spritzbeutel mit
　einer 1 bis 2 cm breiten
　Tülle

Für 4 Portionen

Dieser Kuchen erinnert an Sizilien, an seine Oliven-, Orangen- und Zitronen-bäume, an den Duft von Mandeln und an Orangenblütenwasser – ein Ver-mächtnis der arabischen Vergangenheit. Für diesen Kuchen werden statt Mehl Grieß und geriebene Mandeln verwendet und anstelle von Butter Olivenöl. Einmalig. Reichen Sie den Kuchen mit Puderzucker und Zitronensorbet als Nachtisch. Oder genießen Sie ihn einfach so zu einem Espresso und einem Glas eiskaltem Wasser. Auch *Limuneddu di Sicilia*, ein Zitronenlikör, oder Cointreau oder Grand Marnier passen vorzüglich.

Zitrus-Grieß-Kuchen

Die Zitrusfruchtschalen – bis auf jeweils eine kleine Men-ge – zusammen mit den Fruchtsäften, Öl, Zucker, Salz und Eiern mit einem Handrührgerät oder einem Schneebesen zu einer leichten und luftigen Masse auf doppeltes Volumen aufschlagen.

Grieß und Backpulver in eine Schüssel sieben und die geriebenen Mandeln hinzufügen. Die Mandelessenz und das Orangenblütenwasser unter die Eimasse ziehen und diese mit der Grieß-Mandel-Mischung leicht vermengen. Die Masse in die vorbereitete Springform füllen und glatt streichen.

Den Kuchen im oberen Bereich des vorgeheizten Back-ofens bei 160 °C (Gas Stufe 1–2) 40 bis 45 Minuten backen, bis er an den Rändern blass goldfarben und in der Mitte fest ist. Ein in die Mitte gesteckter Holzspieß sollte sich glatt und sauber wieder herausziehen lassen.

Den Kuchen in der Form etwa 10 Minuten abkühlen. Den Likör darüber träufeln, den Kuchen aus der Springform lösen, aber auf dem Boden belassen, und für weitere 10 Minuten auf einem Kuchengitter abkühlen. Den Form-boden entfernen und den Kuchen in 8 oder 12 Stücke schneiden. Warm oder kalt, aber nicht gekühlt servieren.

Tipp: In einem luftdichten Behälter bleibt der Kuchen bis zu 4 Tage lang frisch.

abgeriebene Schale und Saft
    von 1 Zitrone
abgeriebene Schale und Saft
    von 1 Orange
185 ml natives Olivenöl extra
215 g Feinzucker
¼ TL Salz
3 mittelgroße Eier
200 g Grieß
1 TL Backpulver
115 g geriebene Mandeln
1 TL Mandelessenz
1 TL Orangenblütenwasser
4 EL Cointreau oder Gran
    Marnier (oder original
    Limuneddu-Likör)

eine runde Springform, 23 cm
*   Durchmesser, leicht eingeölt*
*   und abgedichtet*

Für 8–12 Portionen

Halvas ist ein griechischer Kuchenklassiker aus Grieß und Mandeln. Die Zauberformel – 1,2,3,4 – lautet: 1 Tasse Olivenöl, 2 Tassen Grieß, 3 Tassen Zucker und 4 Tassen Wasser (wobei 1 Tasse 250 Milliliter entspricht). Mandeln und Zimt gehören auch noch dazu. Und anstatt Butter wird Olivenöl verwendet, was den Kuchen umwerfend köstlichen macht. Dazu als Krönung einen Klecks sämigen griechischen Joghurt und ein Glas Metaxa-Weinbrand servieren. Die Vorbereitung dauert weniger als 10 Minuten und in 40 Minuten ist der Kuchenfertig gebacken. Ein Hochgenuss!

Griechischer Kuchen mit Honig und Walnüssen

125 ml natives Olivenöl extra
100 g Feinzucker
2 mittelgroße Eier
200 g gehackte Walnüsse
185 g Mehl, gesiebt
½ TL Backpulver
¼ TL Salz
125 ml abgegossener reiner
   griechischer Jogurt oder
   angedickter Jogurt
2 EL Weinbrand, vorzugsweise
   griechischer Metaxa
2 EL klarer Honig

eine runde Springform, 20 cm
Durchmesser, eingeölt und
abgedichtet

Für 8–12 Portionen

Öl, Zucker und Eier in einer großen Schüssel mit einem Handrührgerät zu einer leichten und luftigen Masse verquirlen.

1 Hand voll Walnusshälften zum Garnieren zurückbehalten, den Rest mit einem Messer oder einer Küchenmaschine zerkleinern, aber nicht zu fein zermahlen. Die Nüsse mit Mehl, Salz und Joghurt in die Eimasse geben und den Teig mit einem Holzlöffel unter großen Schlägen glatt rühren. Nicht zu stark verarbeiten.

Die Masse in die vorbereitete Springform füllen und glatt streichen. Mit den Nusshälften garnieren. Den Kuchen im oberen Bereich des vorgeheizten Backofens bei 175 °C (Gas Stufe 2 ½) 40 Minuten backen. In der Mitte testen, ob der Kuchen fertig ist – ein schräg hineingesteckter Holzspieß sollte sich glatt und sauber herausziehen lassen.

Den Weinbrand mit dem Honig in einer kleinen Schüssel vermengen. Die Mischung über den Kuchen träufeln und diesen in der Form 20 Minuten abkühlen lassen.

Den Kuchen aus der Form nehmen, aber noch auf dem Boden belassen, und auf einem Kuchengitter weitere 10 Minuten abkühlen. Den Springformboden entfernen und den Kuchen warm oder kalt servieren.

Tipp: In einem luftdichten Behälter bleibt der Kuchen bis zu 4 Tage lang frisch.

Rezepteregister

Gesamtregister

Bildnachweis

Schlüssel: o. = oben, u. = unten,
l. = links, r. = rechts, m. = mitte

The Anthony Blake Photo Library,
7 u.l. John Heseltine, 17 o.l. & u.r.
John Sims, 21 o.l.

Martin Brigdale, 5, 6 l., 9 m. & r.,
13 o.l., 19 o.r., 76, 77 o.l. & u.l.

Cephas, 7 o.l. Mick Rock, 11 r. Mick
Rock, 12 o.l. Hervé Champollion,
18 Mick Rock, 19 o.l. Mick Rock,
20 top Pierre Hussenot, 21 m.l. & u.l.
top Pierre Hussenot, 21 m. top
Trielon/Jarry, 60 Mick Rock,
62 u.l. Mick Rock

Robert Harding Picture Library, 9 l.
Mike Newton, 10 l. Mike Newton,
10–11 Mike Newton, 11 l. Mike Newton,
12 m.l., u.l. & r. Mike Newton, 19 u.l.
Mike Newton, 61o.l. Robert Francis,
61u.l. Schuster, 62 u.r. Robert Frerck

Robert Holmes, 101 r.

Hutchison Library, 61 u.r. N. Durrell
McKenna, 79 o.m. Michael Macintyre

McEvoy Ranch, 100, 101 l. & m.

Olives Australia, 102

Panos Pictures, 78 Veronica Garbutt,
79 o.l. Peter Fryer,
79 o.r. Jeremy Horner

Tony Stone Images,
77 o.r. Charlie Waite

Wildlight Photo Agency, 103 o.l.,
o.m.l., u.l. & u.m.l. Milton Wordley

Alan Williams, 16–17

Rückumschlag:
Informationsgesellschaft Olivenöl,
l., m.; Ryland Peters & Small, r.